승리의 깃발을 세워라!

선거전략의 진수

승리의 깃발을 세워라!

선거전략의 진수

구자해 선거컨설턴트

문태성 정치학박사

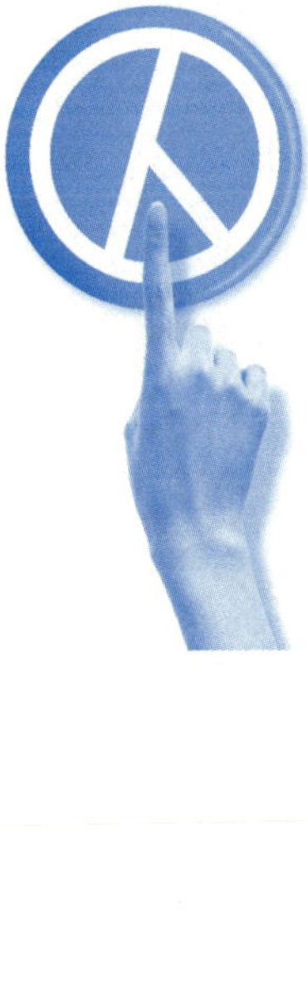

백산출판사

'책사'가 절대 필요한 선거

이 책자는 선거전에서 후보를 당선시키기 위한 선거 전략서이다.

귀하는 이 책을 여는 순간, 훌륭한 한 명의 '책사(策士)' 를 확보하고 고용한 것이나 다름없다.

한국 국민들은 대개가 정치를 별로 좋아하지 않는다. 그러나 이 세상의 일들은 대부분이 정치가 아닌 일이 드물다. 심지어 아리스토텔레스도 '인간은 정치적 동물이다.' 라고 비유하지 않던가?

사람은 정치를 언제 어디서든 만나야 하고, 또 정치의 속성을 꿰고 있어야 한다. 정치를 비켜 갈 수도 있지만, 정치를 이해해야 할 필요가 있도록 되어 있다.

정치의 본질과 목표는 '정의' 의 추구와 국민의 '행복' 추구이므로 누구에게나 유익한 것이다.

정치는 최고의 도덕성과 최고의 무오류를 필요로 하므로, 정치의 중요성은 아무리 강조해도 지나치지 않다. 좋은 정치는 좋은 정치인을 만들 수 있기 때문이다.

이제, 국민들에게 도움이 되지 않는 정치와 정치인은 퇴출이 마땅하다.

정치를 '권력' 에서 '봉사' 라고 생각하는 분들이 정치인의 반열에 당당하게 설 자격이 주어지는 날이 급격히 다가오고 있다.

정치의 관문은 선거를 통과해야 함이 필수이다.

선거판은 가진 자들의 돈 잔치와 신선놀음이 아니라, 국가와 국민을 위한 좋은 정치인을 뽑기 위한 잔치마당이 되어야 한다.

선거는 단순한 캠페인이 아니다. 선거는 정치행위의 총체적 결정판이므로 '전략적 접근' 이 필수이다.

선거 전략의 요체는 '부동층을 자기편으로 만드는 기술' 이다. 선거전은 이른바 총성 없는 전쟁이고, 선거전쟁도 전략과 전술을 바탕으로 한다.

선거전에서의 최대 무기는 후보자 자기 자신이며, 훌륭한 참모의 확보와 맞춤 전략과 전술의 구사는 당락을 좌우할 수 있다.

선거 전략은 작전계획서이고, 선거 전술은 선거에 사용될 프로들의 테크닉이다.

선거 전략서가 수 없이 많지만 실제적으로 실전에 사용하고 응용할 전략을 담아낸다는 것은 탁상이론으로는 거의 불가능하다. 선거 전략은 다양한 실험과 실전의 경험을 통한 체득에서 나올 수 있음이 분명하기 때문이다.

대한민국이 민주화되고 난 후, 각종 선거전선에서 승전한 개선장군의 무용담, 용맹하게 싸우고도 패배한 실패담을 재산으로 한 권의 책으로 엮어내고 싶었다.

선거에서 당선을 위한 전략체계 수립은 당선을 위한 설계의 토대로서 전략전술을 구사하는 '책사(策士)'를 반드시 필요로 한다.

이 책은 한정된 시간과 제한 속에서 귀하를 당선에 이르는 빠른 왕도(王道)의 길로 안내하고자 한다.

이 책을 전쟁터의 마상(馬上)에서 늘 펼쳐보며, 요절과 행간을 통해 자신의 '책사'로 활용하여 실행한다면, 좋은 과실의 결과를 기대해도 좋으리라 확신한다. 이 책은 매우 귀한 체험에서 나온 산물이기 때문이다.

좋은 정치인은 태어나기보다 만들어진다.

'승리는 땀으로 이루어진다.'는 진리처럼, 선거는 전략과 전술과 후보자의 땀으로 이루어진다.

자! 승리의 꿈을 꾸고, 땀을 흘리며 달려 나가자!

백가 제현들의 선거전에서 달콤한 승리와 행운을 기원하며…

2013년 가을날 저자

구자해, 문태성

차 례

선거전략의 진수

제2부 선거 전략

제4장 • 유권자 분석

제5장 • 후보자 전략

제6장 • 선거조직원 구성 전략

제3부 선거 캠프 운영

제10장 • 파트별 업무 FLOW

제11장 • 파트별 업무분장표

별첨부록

PART 01

선거 환경

- 제1장 좋은 정치인 만들기
- 제2장 한국 정치의 이해
- 제3장 선거의 구성 요소

제1장 좋은 정치인 만들기

Ⅰ. 좋은 정치인

1. 정치

'정치(政治)'는 한자(漢字)로 오묘한 글자의 조합으로 되어 있다.

'정치(政治)'는 '정(政)'과 '치(治)'를 묶어 놓은 말이다.

'정(政)'은 '바를 정(正)'과 '두드릴 '복(攵)'이 합쳐진 글자로 '바르게 다스리는 것'이다. 즉 '바르게(正) 하는 것 + 두드리는 것(攵) = 머리가 되어 다스리는 것(文 = 머리 두 亠 + 다스릴 예 乂)'을 의미한다.

'치(治)'는 '물(水)'과 '태(台)'가 합쳐진 글자이다. 즉 '치(治)'는 물(水)이 자연스럽게 순리로 흘러가듯이 이치를 따르고, '태(台 = 대감 태, 임금이 자신을 일컬을 때 씀)'는 임금으로 곧 '물(水) +태(台) = 치(治)'는 '이치에 맞는 임금의 바른 길'을 의미한다. 이처럼 '정치(政治)'는 '바르게 이치를 따라 국민을 잘 다스리는 것'을 의미하고 있다.

성경 창세기 1장 27~28절에도「하나님이 자기 형상 곧 하나님의 형상대로 사람을 창조하시되 남자와 여자를 창조하시고(창 1:27), 하나님이 그들에게 복을 주시며 그들에게 이르시되 생육하고 번성하여 땅에 충만하라, 땅을 정복하라, 바다의 고기와 공중이 새와 땅에 움직이는 모든 생물을 다스리라 하시니라(창 1:28).」고 하였듯이, 하나님도 인간에게 주신 3가지 명령 중 '다스리는 특권'을 주셨음은 예삿일이 아님을 알 수 있다.

고대 희랍의 소크라테스, 플라톤, 아리스토텔레스에서 보듯이 인간은 정치를 필요로 하고 있고, 명심보감(明心寶鑑) 치정편(治政篇)에도「애백성(愛百姓) 애처자(愛妻子)」(백성을 사랑하기를 자기 처와 자식을 사랑함 같이 하라.)하라고 권고하고 있다.

이처럼 정치는 모든 것에 우선하는, 형이상학적인 인류 최고의 가치를 추구하는 최고의 행위임을 알 수 있다.

그런데 오늘날 한국에서 '정치'는 국민들이 싫어하는 말 가운데의 하나이다. '정치인'은 더욱 싫어한다. 정치인들이 명함을 꺼내기가 두렵다. 역대 정치인들이 지금까지 저질러 온 과거의 행적들과 저질 정치인들 때문에 정치인들은 도매금으로 욕을 먹는다.

그러나 국가와 사회에 '정치'가 없다면, '정치인'들이 없다면 어떻게 될까?

정치인이 바르지 못하면 나라를 망치는 것은 물론, 나라를 외국에 뺏기기도 한다. 이미 우리나라는 한반도가 처한 지리적인 영향으로 수 없는 외침을 당하기도 하였고, 급기야 1,300여 년 동안 보존하던 국토를 외세에 의해 두 동강이 나서 지금도 분단국으로 통한의 아픔을 가지고 살아가고 있다. 조국의 분단은 주변 미·중·일·러 4대 강대국이 쟁투하던 구한말 격동의 세기에 열강들의 틈바구니에서 현명하지 못했던 우리 선조들에게 그 책임이 있음을 부인할 수 없다.

'정치'가 모든 것에 우선하듯, '정치'는 존중되어야 한다. 이런데도 정치는 남의 일, 남의 나라 일이라고 정치인을 탓해서만 되겠는가? '좋은 정치인'을 만들어야 한다. '좋은 정치인'을 길러야 한다. 그리고 '정치인'이 존경받는 세상이 되어야 한다.

2. 좋은 정치인, 나쁜 정치인

정치는 국민을 잘 살게 만드는 것임은 재론의 여지가 없다. 국가는 정치를 통해 국민을 평안하게 해야 한다. 정치인이 국민을 걱정해야지, 국민이 정치인을 걱정하는 정도라면 이것은 곤란하다.

한국 정치의 모습은 구태정치의 연속이었고, 지금도 그 연장선상에서 어물대고 있다.

첫째, 한국 정치는 계보정치, 패거리정치, 돈정치, 지역정치가 만연하고 정치인의 충원코스도 중구난방식이다. 잘 훈련된 정치인도 드물 뿐더러, 혹 있다하더라도 이들 정치엘리트들이 제도권에 진입하기란 하늘의 별 따기다.

둘째, 한국 정치는 돈 정치가 여전하다. 아직도 돈으로 공천을 사고파는 후진국정치가 잔존하고, 19대 총선을 마친 후에도 지역구와 전국구 등에서 여러 명이 판결로 의원직을 상실했으며, 각종 선거과정에서 돈다발을 돌리다 쇠고랑을 차기도 했다.

셋째, 한국 정치인들은 정치철학이 빈약하다. 정치를 가문의 영광으로 생각하는 정치인들이 많다. 잘 먹고 잘 살다가 돈 벌어서 행세하고 싶은 이들이 의외로 많다. 부모 은덕으로 외국에 유학하고 돌아와 정치를 하려는 이들도 많다. 정치철학이 없으니 바른 정치를 할 수 없고, 정치는 가진 자들의 전유물로 고급 놀이터인 것이 실상이다. 지난 이명박 정부 때,

언론에서 자주 회자되던 이른바 '강부자', '고소영' 등 신조 유행어가 이런 사실을 증명한다.

이런 개념에 배치되는 정치인은 좋은 정치인이요, 부합하는 정치인은 나쁜 정치인이다.

좋은 정치인은 기본 덕목을 갖추고 부단하게 자기계발을 통해 노력하는 각 분야의 전문가로 국민을 잘 섬기고 진실되게 봉사하는 일꾼이어야 한다.

좋은 정치인은 태어나기보다 만들어지는 것이다.

3. 플라톤의 철인정치

소크라테스의 제자 플라톤은 스승의 죽음을 보면서 좋은 정치인으로 '철인정치'를 강조했다. '철인(哲人)'은 모든 사물을 꿰뚫어 볼 수 있는 사람, 모든 것에 밝은 사람, 즉 '무오류자(無誤謬者)'를 말한다.

플라톤은 그의 저서 『국가론』에서 "철학자의 종족이 국가를 지배하기 전에는 국가나 시민들에게 불행이 그칠 날이 없을 것이며, 우리들이 만들어 낸 가상적인 국가제도도 실현되지 못할 것"이라 하였다.

플라톤은 또 "모든 경우에 있어서 사물의 '실재(實在 = IDEA)'를 파악하는 것이 중요하다."라며, 지도자의 조건으로 "훌륭한 천성을 타고난 자로 기억력이 좋고, 착실하고, 일하기 좋아하는 자를 구해 신체의 단련과 학문을 수련시켜야 한다."라고 하고 있다.

Ⅱ. 정치인의 조건

1. 기본 조건

1) 학연·혈연·지연

한국사회, 특히 정치에서 학연·혈연·지연은 절대적인 영향을 미친다. 같은 학교 출신 동문, 같은 씨족의 혈족, 같은 고향 출신 사람들끼리 뭉치는 힘은 가히 엄청나 타의 추종을 불허한다. 이들 3가지 인연에 대한 애정은 지나치리만큼 각별하다. 인지상정이라고 이성보다는 인정에 이끌리는 한국사회에서는 대단한 기득권을 가진다.

개인의 능력보다 어느 초·중·고·대학을 나왔는가가 우선한다.

혈연의 지원은 극치를 이룬다. 혈족은 무조건적으로 지지하고 희생도 감수한다. 그들의 무보수와 자발적인 자원봉사식 선거운동은 가히 헌신적이다.

또, 작은 땅덩어리에서 특정지역의 사람들과 특정 정당의 사람들은 선출직에 당선되기가 쉬운 지역도 많다. 90% 정도의 가공할만한 압도적인 지지율이 나오는 지역이 나올 때마다 국민들도 놀라지만, 국민 스스로도 여전한 행태에 탄복하며 혀를 내 두른다. 지연으로 인한 소지역주의 역시 강하게 나타나고, 지역별로 특정 정당의 후보가 당선되는 분포가 이를 실증하고 있다.

2) 도덕성

정치인에게 요구되는 기본 덕목은 도덕성이다. 이는 '정의(正義)'를 바탕으로 해야 한다. 후보자의 재산 형성 과정, 이성 편력, 군필 여부, 납세, 전과, 정치철새 여부 등에 대한 결격사유는 치명적이다. 이는 최근에 더욱 엄격한 잣대로 등장한다. 제아무리 많이 배우고, 정부요직에서 고관대작을 지내고, 재산이 많아도 이 기준에 걸려들면 아웃이다. 본인은 물론 남편과 처자식, 자녀까지 검증의 카테고리를 비켜가기는 어렵게 되어 있다. 공직에 취임하는 경우 검증의 칼날은 매우 엄격하게 적용되어지고 있어 원초적으로 과거 행적에 대한 행동반경을 제한하고 있다.

3) 신언서판

'신언서판(身言書判)'은 여타 지도자는 물론 일반 국민들이 공통적으로 갖출 소양이지만, 분명히 요구되는 정치인의 기본 덕목이다. 제아무리 좋은 학연·혈연·지연을 가지고 있어도 신언서판은 우리나라에서 중요하게 평가되는 항목이다. 정치인에게 바른 몸가짐과 자세, 말 바꾸기를 하지 않고 약속한 것은 지키는 언행, 논리가 있는 바른 글, 사건과 사물에 대한 올바른 판단이 요청됨은 당연하다.

4) 돈

한국사회에서는 '돈'이 많아도 문제, 적어도 문제로 등장한다. 고위 공직자와 정치인은 자신과 가족의 재산을 공개하도록 되어 있다. 재산이 너무 많으면 많다고 입방아에 오르내리며, 너무 적으면 궁색해 보이고 사람들이 붙지 않는다고 회자된다. 투명하게 모은 재산, 정당하게 땀 흘려 번 떳떳한 돈이 아니라면 지탄의 대상이 된다. 자본주의 사회의 국가인데 재산가에 대해 존경과 부러움의 대상보다는 시기 질투와 사시적인 눈으로 보는 이들이 많다는 점도 유념해야 한다.

2. 선택 성취 4대 관문

1) 명문대학

1948년 제헌국회부터 2004년 17대 국회까지 역대 국회의원 총 4,398명의 출신대학을 분석해 보니 서울대 1,040명, 고려대 357명, 육사 239명, 연세대 205명, 동국대 91명의 순으로 통계가 나왔다(조선일보 2008. 5. 19일자). 이른바 세칭 좋은 명문대학은 출세도, 사회적 진출도 보장함을 묵과할 수 없는 것이 우리의 현실이다.

2) 유학

위 통계에서 유학의 경험이 있는 국회의원은 2대 국회에서 52.3%로 가장 높았고, 17대 국회에서 23.2%로 가장 낮았다. 유학 국가로는 일본(47%), 미국(40%) 순이었고, 10대 국회부터는 미국이 1위로 올라섰다. 유학 역시 세계로 나아가 학문과 견문을 넓히는 데 소중한 방법이다.

3) 박사

박사 출신 국회의원이 점차 다수를 차지할 정도로 학력도 중요한 관문이다. 국가를 운영하고 경영하기 위해서는 전문가적인 소양을 갖추어야 함은 매우 중요하다. 이것은 경륜이든, 연구 업적이든, 학위이든 어느 것으로 가능하지만 학위는 공인인증서와 다름이 아니다.

4) 고시

역대로 우리나라 국회의원의 사법·행정고시 등 고시 출신 국회의원 비율은 제헌국회 8명(3.8%)에서 꾸준히 늘어나, 17대 국회에서는 83명

(26.7%)이 고시합격자였다. 이는 정치엘리트 충원에 있어 고시가 중요 관문임을 알 수 있다. 고시 출신들은 남과는 다른 분명한 논리와 우수한 상황대처 능력을 가지고 있음을 본다. 국가를 경영함에 있어 남보다 유리한 고지를 선점함을 인정할 수밖에 없다.

3. 필수 덕목

1) 리더십(Leadership)

'리더십'은 '어떤 상황 하에서 목표달성을 위해 어떤 개인이 다른 개인, 집단의 행위에 영향력을 행사하는 과정'으로 정의된다. 또한 '상대를 내 목표대로 자발적으로 움직이게 하는 힘'을 일컫기도 한다. 정치인에게 있어 리더십은 필수이다. 남보다 유리한 정치 환경과 학식을 가지고 있어도 리더십이 없다면 수레바퀴가 없는 자동차이자, 날지 못하는 비행기이다. 리더십은 혹 타고나기도 하지만 어렸을 때부터 훈련과 체득으로 대부분 길러지는 것이다. 국가경영에서 지도력의 중요성과 능력은 국가와 국민의 안위를 책임지는 주요한 필수 덕목이다.

2) 정치력(Political Power)

'정치력'은 정치에 있어서 리더십에 이어 또 다른 양날개이다.

'정치력'은 '정치의 정당성을 어느 정도 갖추고 있느냐?'와 '정치의 체제 능력을 어느 정도 갖고 있는가?'를 말한다.

정치는 사회 각 부문의 최상부 구조를 형성하고 있으며, 국정의 방향과 원칙 결정, 자원 배분에서 가장 결정적인 영향력을 발휘하고 있다. 국가 발전과 국민 생활에 가장 폭넓게, 가장 심대하게 작용한다.

'정치의 정당성'은 정치 세력이 법과 제도의 틀 속에서 경쟁해, 즉 선거를 통해 대표로 뽑혔느냐 아니냐에 따라 부여된다. '정치의 체제 능력'이란 정치권과 관료의 정책 수행 능력이다.

상황을 판단하고 대처하는 혜안, 위기를 돌파하는 능력, 문제를 풀어가는 해결력을 통틀어 정치력으로 볼 수 있다. 정치력은 양극으로 치닫는 정치상황에서 조화와 타협을 일구어내는 능력이다. 교과서에 없는 정치력 역시 단기간에 터득할 수 있거나 돈을 주고 살 수 없다는 점을 간과해서는 안 된다.

3) 영향력(Power, Influencing Power)

정치에서 영향력이 없다면 리더십, 정치력이 아무리 있어도 허상이 될 수밖에 없다.

'영향력'은 '어떤 사물의 효과나 작용이 다른 것에 미치는 힘, 또는 그 크기나 정도'를 말한다. 즉 '상대를 움직이는 힘', 그것도 '내가 의도하는 방향으로 움직이는 힘'을 말한다.

한 예로 작금 중국은 북한에게 영향력을 행사하지만, 우리나라는 북한에 대해 영향력을 특별히 가지지 못함이 현실이듯, 정치에서 영향력은 매우 중요하다.

Ⅲ. 정치인 프로젝트

1. 인맥 만들기(Connections Making)

정치에서 사람은 제일 큰 힘이자 무기이다. 사람은 정치의 군사력이다.

인맥만들기는 맨파워(man power)의 형성이다. 정치에서 성공하려면 이미 존재하는 인맥은 잘 관리하고, 없는 인맥까지도 찾아 만들어야 한다. 작은 일에서 큰 일까지 관리가 가능하고, 인맥을 가꿀 수 있다면, 정치인으로서 성공을 어느 정도 보장 받은 셈이다.

2. 이미지 메이킹(Image Making)

'이미지'는 풍겨나는 그 자체이지만 놀랍게도 만들어진다는 데는 이견이 없다. 정치인에게 이미지는 매우 중요하고, 근래의 정치는 이미지 정치라고 할 수도 있다.

이미지는 만난 적도 없고, 대화한 적도 없는 정치인에 대해서도 자연히 가지게 된다. 그들이 비전이 있어 보이거나 가능성이 있다면 기대심리를 가지지만, 진부하거나 부정적인 이미지로 각인되면 회복하기가 힘들다. 현대정치에서 홍보를 내포한 유권자들에게 비춰지는 이미지가 선택을 결정짓는다고 해도 과언이 아니다. '이미지 메이킹'은 좋은 이미지를 유권자에게 클로즈업시키는 고도의 기술이다.

3. 재충전과 재교육(Re-charging and Reeducation)

정치인은 모든 면에서 다른 사람보다 뛰어난 지각을 가지고 있어야 한다. 모든 것을 꿰뚫을 수 있어야 하며, 선각자여야 한다. 정치가 종합예술이듯 한마디로 정치인은 종합예술가여야 한다. 그러므로 이를 위해서는 끊임없이 재충전과 재교육을 위해 노력해야 한다.

항상 남다른 노력으로 대화·교육·독서·경험을 통해 현상을 갈파하고, 미래에 대해 비전을 제시하고 준비를 해 나갈 때, 기회는 가까이 다가온다.

Ⅳ. 정치인 지름길

1. 프론티어(Frontier)

정치인은 '창조적 프론티어'가 되어야 한다. 개척자·선구자가 되는 것이다. 남들이 가지 않는 길도 헤쳐가고 뛰어 들어야 한다. 길을 찾아 열어 나갈 때, 장애물과 부딪치는 것들을 두려워해서는 안 된다. 고난과 고통 이후 과실을 맛보는 희열이 따르는 법이다.

2. 트루서버(True Server)

정치에는 '진실된 봉사자'가 필요하다. 진실된 마음으로 오랜 봉사정신으로 무장된 봉사자는 사회와 이웃을 따뜻하게 만들 수 있다. 일회성의 잠시 잠깐의 전시행위보다 진정성이 내포된 사랑으로 감싸진 봉사는 값없이 유권자들의 마음을 살 수 있음은 당연하다.

3. 해결사(Helper)

정치인은 종종 부탁을 받는다. 거절할 일도 있고, 도와줄 일도 있다. 어떤 문제가 생기면 해결을 부탁하는 사람이 있는가 하면, 부탁을 받는 사람들이 있다. 남의 문제를 해결한다는 것은 쉽지 않고, 또 함부로 끼어들 수도 없다. 그러나 정치인은 이를 기꺼이 받아들이고 해결할 수 있어야 한다. 물론 이권이 개입되거나 부당한 청탁은 정중하게 사절해야 한다. 쇠고랑 차는 지름길로 다다를 수는 없다. 부탁은 청탁과는 다른 것이다. 부탁을 할 만하니 할 것이고, 받을 만하니 받을 것이다. 남을 도와주고 문제를 해결해 준다면 두고두고 기억하며 도움을 줄 것이다. 돈을 주고 표를 사는 것에 견줄 수 없다.

V. 성공하는 정치인

1. 프로페셔널 전문가

정치인은 모든 면에서 뛰어난 사람이어야 한다. 앞에서 플라톤이 언급한 '무오류자(無誤謬者)'가 되도록 노력해야 한다. 이는 쉽지 않기도 하거니와 '무오류자'를 찾기가 고래로부터 쉽지 않다. 오류를 줄이려면 전문가가 정치를 하여야 한다. 그러므로 정치인이 되려면 전문가적 소양을 쌓아야 한다.

2. 분명한 철학과 비전

정치인은 분명한 철학을 가지고 있어야 한다. 그 철학은 국가관과 애국심을 바탕으로 해야 한다. 사리사욕과 가문의 영광을 숨긴 이는 퇴출대상이다. 아울러 번뜩이는 혜안과 비전을 가지고 미래를 내다 볼 줄 알아야 한다. 방향키를 못 가진 정치지도자는 폿대 부재로 침몰할 수밖에 없다.

3. 명확한 논리

정치인에게 '논리'의 무장은 군인에게 총칼, 대포, 미사일과 같다. '상대를 압도하는 논리'가 있어야 한다. 논지의 핵심을 갈파해내고 명쾌하게 주의 주장을 풀어내야 한다. 이는 오래도록 훈련되고 다듬어져야 한다. 논리의 현장에는 자기주장만으로 상대를 움직일 수 없으며, 또 그렇게 허술하게 넘어갈 리도 만무하다. 무장된 논리로 국민을 대변하고, 또 설득할 수 있어야 한다.

4. 소통과 타협 능력

국민들에게 정치판은 싸움판으로 인식되어 있다. 서로 다른 팽팽한 주장, 좀처럼 합치가 되지 않을 것 같은 사안들도 봄 눈 녹듯이 녹아들고 풀어내는 기술이 정치에서 필요하다. 그런 기술을 가진 정치인은 성공한다. 대화를 많이 할수록 그 속으로 더 깊이 들어갈 수 있을 것이며, 타협의 실마리를 더 빠르게 찾아낼 수 있다. 정당 간, 정치인 간, 국민과의 소통과 대화와 타협 능력은 정치의 핵심 요체요 기술이다.

5. 추진력

비전을 가지고 있다면 추진을 해야 한다. 머리도 뜨거워야 하겠지만, 발도 부지런해야 한다. 목표가 주어지면 그 일을 해 나가는 능력은 추진력이다. 예측되는 여러 문제들을 헤아려보고, 닥치는 문제들을 지혜롭게 대처하며 과업을 달성해내는 힘을 가지고 있어야 한다. 아무리 좋은 계획과 기획력을 가지고 있더라도 결과를 만들어 내거나 얻지 못하는 일은 공염불이다.

VI. 결론

정치는 사회의 모든 현상에서 제일 우선한다. 정치가 바르지 못하면 그 사회는 바르지 못한 사회일뿐더러 자칫 국가가 존폐위기에 직면하기도 하고, 나라를 뺏기기도 한다.

정치는 종합예술이고, 정치인은 그 지휘자이다. 정치인은 때론 연출자로, 역할 연기자로, 스텝으로 역할을 오류가 없이 잘 해내야 한다. 그렇게 하려면 정치는 모든 것에 뛰어난 사람이 할 수밖에 없다. 이는 정치인 개개인의 자만으로 되는 것이 아니요, 정치인은 오직 국민의 심판으로 선택을 받아야 가능하다. 이런 무오류 정치인이 과연 얼마나 우리 사회와 주변에 존재할까?

정치인이 되는 길은 멀고도 험하다. 그 정치인은 타고나기보다는 만들어지는 것이므로 인고의 연단이 필요하다.

좋은 정치인을 만들기 위한 노력이 필요하다. 아울러 좋은 인재를 발굴해 좋은 미래지도자, 좋은 국가 정치인을 육성하는 풍토도 조성되어야 한다. 이렇게 해야 좋은 정치인이 나오고, 또 좋은 정치인이 존경받는 세상이 앞당겨지며, 좋은 정치인 그들에게 국가를 맡길 수 있지 않겠는가? 그리고 좋은 정치인, 좋은 국민들과 글로벌시대에 경쟁력 있는 선진국을 함께 만들어 가야 하지 않겠는가?

제2장

한국 정치의 이해

Ⅰ. 한국사회와 선진화

1. 글로벌 세계의 선진화

세계는 빠르게 변화하는 글로벌시대이고, 각 국가의 화두는 선진화이다.

대한민국의 선진화 지수는 세계 28위라고 한다. 노르웨이 1위, 스웨덴 2위, 핀란드 3위, 영국 9위, 미국 12위, 일본 18위, 한국 28위이다(조선일보, 2013. 9. 25).

또, 국가브랜드위원회와 삼성경제연구소가 공동 개발한 국가브랜드지수 모델 SERI-PCNB NBDO 2011년도 조사결과, 총 50개국 중 한국의 실체는 15위, 이미지는 19위로 한국의 실체는 상당부분 개선되었으나 이미지는 개선 중임에도 순위는 정체되어 있어 보다 전략적이고 집중적인 국가 커뮤니케이션을 강화할 필요가 있는 것으로 나타나고 있다(삼성경제연구소, 2012. 2. 5).

진정한 선진국이 되기 위해서는 경제뿐 아니라 정치와 국제화의 선진화도 이루어져야 하는데 한국은 이 부분이 평균보다 매우 낮다. 구체적으로 분배, 자유화, 법질서, 다문화공생사회, 국제참여 등에서 많이 뒤쳐져 있다.

한반도 주변 4국을 돌아보자.

미국은 군사, 러시아는 영토, 중국은 인구, 일본은 경제 1위의 강국이다.

4개국 지도를 연결하면 모스크바-동경, 북경-워싱턴의 교차점은 공교롭게도 대한민국 서울이 된다.

세계를 움직이는 4개 강국이 모두 한반도 주변에 둘러싸여 있다. 한국이 바람개비 중심 역할을 해서 세계를 돌려야 한다.

2008년 북경올림픽에서 중국, 미국, 러시아, 일본, 대한민국이 모두 10위권 안에, 2012년 런던올림픽에서 미국, 중국, 영국, 러시아, 대한민국이 5위 안에 든 것은 체력이 곧 국력임을 입증하는 것이다.

대한민국은 지구의 중앙(충주 중앙탑, 탄허스님은 계룡산 지명)에 위치하고, 국토의 정중앙은 강원도 양구에 자리하고 있다.

한국은 무엇으로 세계 1위의 국가가 될 것인가?

그것은 바로 '문화'이다. 대한민국은 1만 년 문화강국이다. 대한민국의 효(孝)문화, 정(情)문화는 가히 세계 1위 감이다. 법도, 질서도, 도덕도, 모두 문화이다. 제2의 새마을 운동인 '선진화 운동'(즉 선진국 진입을 위한 문화운동)을 전개해야 한다.

『미래의 충격』, 『제3의 물결』의 저자인 앨빈 토플러는 『권력이동』에서 권력은 군사력, 경제력, 정보력으로 이동된다고 하였다.

한국은 그동안 산업화, 민주화, 정보화를 이루었다. 이제 문화 선진화이다. 즉 바른 나라인 '정의로운 나라'를 우리가 만드는 것이다.

플라톤은 국가론에서 "국가의 지도자는 국가의 법률을 수호할 수 있는 능력을 가진 것으로 판명된 자가 수호자로 임명되어야 한다."라고 하였다.

법을 지키는 자가 지도자이다. 통치자는 "모든 것에 뛰어난 사람, 무오류자 = 철인(哲人)이어야 한다."라고 하였다.

2. 한국의 선진화 정도

한국의 경제 발전과 성장은 지금 선진국의 문턱에 와 있다.

통계청이 2008. 8. 14, 건국 60주년을 맞아 대한민국 경제 · 사회상 변화를 수치로 풀어 제시했다.

국토 · 인구 · 국민계정 · 노동 · 물가 · 국제수지 · 교육 · 사회 등의 분야로 나눠 대한민국이 어떻게 변화해 왔는지를 다각적으로 살펴볼 수 있는 자료이다.

60년간 우리나라 인구는 2.4배(1949년 2천 19만 명에서 1967년에 3천만 명, 1984년에 4천만 명을 넘어섰으며 2007년에 4천 845만 명을 기록), 국토는 6.5% 늘어났다. 그러나 같은 기간 국내총생산(GDP)은 746배(국내총생산은 1953년 13억 달러에서 1972년에 100억 달러대, 1986년에 1천억 달러대, 1995년에 5천억 달러를 넘어 2007년 현재 9천 699억 달러로 올라섰다.)로, 무역규모는 3,167배로 확대되었다. 신흥 개발도상국에서 선진국 문턱으로 올라서는 눈부신 비약이다.

이에 따라 1인당 국민소득(GNI)은 1953년 67달러에서 2007년 2만 45달러로 2만 달러 시대에 진입했다.

GDP는 지금까지 1956년(−1.3%), 1980년(−1.5%, 제2차 석유파동), 1998년(− 6.9%, 외환위기)에 세 차례 마이너스 성장을 기록한 것을 제외하고 꾸준히 증가해 연평균 6.8% 성장했다.

산업구조는 1953년에는 농림어업 47.3%, 광업·제조업 10.1%, 서비스업 40.0%로 농림어업의 비중이 높았지만 1960년대 이후부터 제조업분야가 성장했으며, 1980년대부터는 서비스업의 성장이 두드러져 2007년에는 서비스업 57.6%, 광업·제조업 28.3%, 농림어업 3.0% 구조로 변했다. 신흥개발도상국에서 선진국 문턱으로 들어서면서 산업구조가 재편되고 있다는 의미이다.

지금은 이 시기 때보다도 훨씬 더 발전하였다.

3. 한국사회의 선진화 역행

1) 정치인

- 정치인은 교도소 담장 위를 걷는 사람들
- 전두환, 노태우 전 대통령 비자금 수천억 원 환수 및 추징 중
- 김대중 정권 때 정대철, 권노갑 등 뇌물, 이용호, 최규선 등 각종 게이트
- 노무현, 권양숙 부부 박연차게이트 수사 중 운명으로 수사 종결
- 노무현 정권 때 최도술 등 핵심 12명 중 10명 이상이 돈 받아 옷 벗고 나옴, 퇴임 후 박연차, 강금원, 정대근 리스트 수사
- 이명박 정권 때 이상득 등 수뢰 수사 및 재판 중
- 국회의원, 자치단체장 등 선거직 출마자 선거법 위반 및 중도하차
- 전국구 = 돈국구(18대 국회의원 선거에서 양정례, 김노식, 서청원 당선자 15억, 김정원, 김옥희 30억 공천 대가 헌금 관련 처벌)
- 법질서 위반 고백과 반성 전무, 기다리면 특별 사면을 해 주는 나라

2) 검찰 · 법원 · 경찰

- 유전무죄, 무전유죄
- 유권무죄, 무권유죄
- 상납 비리, 전관예우

3) 행정

- 인허가 비리
- 세수 비리
- 무사안일주의
- 보신주의

4) 국민

- 무질서
- 상시 위반(2002월드컵의 예 : 기초질서 위반자 범칙금 부과)
- 차량 과속, 중앙선 침범, 음주, 빵소니, 주차 위반
- 침 뱉기, 담배꽁초 버리기, 노상 방뇨
- 새치기, 암표상, 다운 계약서
- 유사 휘발유 판매, 무자료 주류
- 성 매매, 유흥업소 미성년자 출입
- 하도급, 부실 공사, 와우 아파트 붕괴, 삼풍백화점 붕괴, 성수대교 붕괴 참사 등

5) 기업

- 탈세

- 일감 몰아주기
- 편법 증여 등

Ⅱ. 한국 정치의 선진화 과제

1. 정의 정치

플라톤은 국가를 구성하는 요소를 3가지로 설명한다.

우선 생산자, 그리고 수호자, 통치자를 든다. 여기서 생산자는 현대의 의미로 풀이하자면 일반 시민이다. 수호자는 군인 또는 경찰이며, 마지막으로 통치자는 말 그대로 지배자이다.

그는 이 세 계급이 각자 맡은바 직분을 다함으로써, 국가 전체적으로 조화가 이루어질 때 국가의 정의가 실현된다고 하였다.

다시 말해 국가의 정의는 각 부류가 자기가 가장 잘 할 수 있는 능력을 완전히 실현하는 것으로서 여기에는 전제 조건이 있다. 즉 지배자는 수호자의 영역을 침범해선 안 되며, 수호자 역시 생산자의 영역을 침범해선 안 되며, 생산자 역시 그 누구의 영역을 침범해서는 안 된다. 각 계급의 자립적 정체성 속에서의 계층적 질서 확립이 전제되어야 한다.

또한 각 계급마다 지녀할 덕목이 있는데, 통치자는 지혜를, 수호자는 용기를, 생산자는 절제를 지녀야만 한다.

플라톤이 말하는 국가는 인간의 에르곤(ergon, 각 사물에 부여된 능력)의 '올바른 실현'을 위한 조건이다.

인간은 국가라는 공동체 안에서만 자신의 능력과 소질을 실현할 수 있고, 자신의 근원적 결핍과 부자유와 비자족성을 해소할 수 있으며, 오직 그때 비로소 정말 인간일 수 있다.

또 각 개인이 생존적 필요뿐만 아니라 다른 고차적 필요를 모두 함께 충족시킬 수 있는 가능성의 조건, 이것이 플라톤이 말하는 '국가'이다.

그는 국가를 각 개인의 다양한 능력과 본성, 자기 일에 몰두하는 구별 공동체라고 설명한다. 이는 국가에 대한 개인의 일방적 종속과 의무가 없다는 것과도 같다.

국가는 단지 개인의 자기실현의 기회를 보장하기 위해 수립되었다고 본다. 플라톤이 말하는 국가의 행복이란 곧 개인의 행복이다.

플라톤은 정의의 덕이 개인적 도덕만으로 완성될 수는 없고, 사회 전체의 영혼을 대상으로 해서만 실현될 수 있다고 말한다. 개인이 아무리 도덕적이라 하더라도 전체 국가가 도덕적이어야만 진정한 정의가 실현되는 것이다.

국가란 모든 인간의 궁극 목적인 이데아계를 현실적으로 실현하는 주체이다.

국가란 대규모의 인간과 같은 것으로서 각각의 계급들이 맡은 바 그 임무를 잘 수행해 나갈 때, 비로소 국가는 도덕적인 조직체가 되고 그 가운데서 선의 이데아가 실현되는 것이라고 강조하였다.

2. 투명 정치

대다수의 국민들은 정치인을 '도둑놈'이라고 부른다. 정치인에게 있어 도덕성은 필수 덕목이다. 국민들이 믿고 맡길 수 있는 정치인과 투명 정치에 대한 이해가 필요하다.

미국의 경우, 오바마 행정부의 '성과 담당 최고책임자'로 내정된 낸시 킬퍼가 18년 전인 1995년에 '단돈' 298달러(환율을 1,500대 1로 계산하면

45만 원)의 세금을 내지 않은 사실이 드러나자 아무런 변명도 하지 않고 깨끗이 물러난 데 비하면, 우리나라는 엄청난 부도덕이 드러난 인물들이 중요한 직책에 기용되는 것은 너무나 대조적이다.

3. 서민 정치

작금의 한국 정치 상황은 귀족정치와 다름 아니다. 가진 자들의 돈 놀음, 지식 놀음일 뿐이며, 서민들과는 별종들인 선민들의 놀이터이다.

'서민 정치'는 소수 귀족에 의한 서민 지향 정치가 아니라, '서민의 자녀들도 정치를 할 수 있는 세상'은 물론, '서민에 의한, 서민을 위한 정치'를 말한다.

국민 대개를 차지하는 서민을 위한 보편타당한 정치가 필요하다.

Ⅲ. 한국 정치와 돈

1. 정치와 돈의 관계

정치에서 돈은 에너지이자 윤활유이다. 돈이 없으면 조직이 움직이지 않고 궁색해 보이며, 사람들이 찾아들지 않는다. 그러나 돈이 지나치면 반드시 사고로 이어지고, 엎질러진 물이 되어 후회해도 소용이 없게 된다.

합법적인 돈을 마련할 수 있는 방안이 마련되어 있지만, 검은 돈을 좋아하는 정치의 생리는 여전히 지탄의 대상이다.

돈을 잘 다룰 줄 아는 정치인이 성공한다 해도 과언이 아니다.

2. 정치자금법 등의 법 제도

한국의 정치자금에 관한 법률은 2004년 3월 2일, 현재의 법체계로 대폭 개정되었다(이후 최종 2012. 2. 29, 일부개정). 다른 법 제도도 다음과 같이 개정되어 시행되고 있다.

1) 핵심

이 법의 핵심은 돈 안 드는 혹은 못 쓰는 선거가 되도록 해야 한다는 것이었다. 연간 3억 원이던 정치자금의 모금한도를 절반인 1억 5,000만 원으로 줄였다(공직선거가 있는 연도에는 연간 모금·기부한도액의 2배를 모금·기부할 수 있음). 개인 기부한도는 6분의 1(1억 2,000만 원 → 2,000만 원)로 낮췄다. 기업의 돈도 못 받도록 했다. 돈 먹는 하마라는 오명을 듣던 지역구 지구당을 폐지한 것도 이때이다. 아울러 지역구민에게 경조사비를 주거나 음식을 접대하는 것도 엄격히 제한했다. 정치자금의 입·출구를 모두 막은 셈이다.

2) 취지

법 개정의 핵심은 정치자금법 위반에 대한 공소시효를 3년에서 5년으로 늘리고, 공식 후원금이 아닌 돈은 대가성 여부에 관계없이 처벌할 수 있도록 하는 것이었다. 대선자금 사건으로 국민적 지탄을 받게 된 정치권에 투명한 정치 시스템을 정착시키자는 취지였다.

발의자가 당시 한나라당 의원이던 오세훈 전 서울시장이었기 때문에 '오세훈 법'으로 불리기도 한다. 이에 대해 정치권에서는 '합법적으로 주고받을 수 있는 정치자금을 너무 좁게 보는 등 국내의 정치 현실을 무시한 법'이라는 비판이 계속 제기되어 왔다.

3) 각종 법 개정

(1) 공직선거법 개정(최종 2013. 3. 23, 타법개정)

- 국회의원 정수는 지역구 의원수 244명(전 227명), 비례대표 의원수 56명(전 46명) 등 300명으로 전보다 27명이 늘어남(단, 각 시·도의 지역구 국회의원 정수는 최소 3인으로 한다. 다만, 세종특별자치시의 지역구 국회의원 정수는 1인으로 한다(개정 2000. 2. 16, 2004. 3. 12, 2012. 2. 29)).
- 각종 임기만료에 의한 선거일이 목요일에서 수요일로 개정
- 유권자의 경우 금품, 향응 등을 제공받을 경우 그의 50배의 과태료 부과
- 선거범죄 신고 시 사안에 따라 최고 5천만 원 포상금 지급
- 선거구제는 1개 선거구에서 1명의 후보를 선출하는 소선거구제가 그대로 유지되며 유권자들이 투표할 때 지역구 후보와 지지정당에 각각 기표, 정당별 득표율에 따라 정당별로 비례대표 의원수를 배분, 당선자를 확정하는 1인2표제가 도입
- 누구든지 선거일전(선거종류에 따라 60일전~240일전) 관할 선관위에 예비후보자로 등록하면 명함배포, e-메일 발송, 선거사무소 설치 등 제한적인 선거운동을 허용
- 합동연설회, 정당연설회 폐지
- 국회의원 및 후보자 축·부의금 전면금지
- 선거사범 궐석재판 도입
- 인터넷 언론매체에 선거관련 글 게재 시 실명확인 의무화

※기타 선거운동 관련 규정 중 개정 내용은 별첨부록 '「공직선거법」 주요 개정내용'에서 상세히 설명

(2) 정치자금법 개정(최종 2012. 2. 29, 일부개정)

- 기업의 정치자금 제공 전면 금지
- 고액 정치자금(중앙당 500만 원, 개인 및 시도지부 120만 원 초과) 제공 시 내역 공개
- 중앙당 및 시 · 도지부 후원회 2006년부터 폐지
- 개인의 정치자금 후원한도 2천만 원(전 1억 2천만 원)으로 제한
- 중앙당 50억 원(전 300억 원) 국회의원 1억 5천만 원(현행 3억 원) 등 연간 후원회 모금한도 제한
- 1회 100만 원 이상 기부 및 50만 원 이상 지출 시 수표 · 신용카드 사용 의무화
- 정치자금 10만 원까지 세액공제

(3) 정당법 개정(최종 2011. 7. 21, 타법개정)

- 지구당 전면 폐지
- 중앙당 100명 이내, 시 · 도지부 5명 이내로 유급사무원 제한
- 비례대표 국회의원 후보자 중 50% 이상 여성 공천
- 당내경선 불복자 출마 제한

3. 한국의 돈 정치

한국 정치는 선거 때 돈 때문에 홍역을 앓는다. 후보자들도 국민들도 모두 지친다.

돈과 정치는 떼려고 해야 뗄 수 없는 불가분의 관계이다. 정치를 하자면 물론 돈이 필요함은 재론의 여지가 없다. 그러나 우리의 세태는 좀 나아지기는 했으나 돈질이 지나치다. 돈으로 공천과 표를 사기도 한다. 돌고 돈다는 돈은 뭐든지 돌린다. 없는 조직도 만들고, 안도는 조직도 돌

린다.

정치 선진국들의 교훈은 우리 사회에서는 거리가 멀다. 돈이 지나치면 사회를 돌게 만든다. 정치를 싫증나게 만든다. 이미 구시대의 썩고 낡은 정치는 신물이 난지 오래다.

어떤 돈 가진 사람들은 권력과 명예를 가지고 싶어서 정치판에 나서기도 한다. 자질과 도덕은 간 곳이 없다.

이들은 정치가의 의무와 도리를 다하기보다 돈을 만들고 뿌리는 일에 열중한다. 평생 서민은 만져보지도 못할 돈인 억대를 우습게 여긴다.

유권자들은 선거 기간만 그들의 고객이고 선거 후엔 봉이다. 그들은 개인의 입신을 위해, 가문의 영광을 위해, 명예를 위해 돈으로 상대를 때려눕히고 올라탄다. 그리고 똥색인 금관을 쓴다. 돈으로 권력을 샀으니 무서울 건 돈뿐이지 국민이 아니다. 소속 정당에 대한 애당심이 있을 리 없다. 당에 대한 책임감도 없다. 책임질 정치를 하지 않는다. 책임지는 정당이 없다. 부도난 정당이 즐비하다. 그러니 선거 때마다 정당 만들기를 밥 먹듯 한다. 얼굴인 간판을 바꿔 단다. 정치판을 짜증나게 만든다.

선거 때 돈 없는 사람들은 우울해진다. 불쾌해진다. "니미 ××놈의 세상"하고 투덜댄다. 여기저기서 "망할 놈의 세상", "썩을 놈의 세상", "더러운 놈들"이라는 소리가 튕겨져 나온다. 국민들은 이제나 저제나 잔뜩 기대를 걸어보지만 역시나로 끝나는 선거판을 보고 "정치는 썩었다", "정치는 멀었다", "정치는 싫다" 라며 등을 돌린다. 이제 썩은 돈은 돌고 돌아 썩은 물이 되어 유권자인 우리들이 다시 떠서 마시게 된다.

돈 정치가들은 돈 철학을 거침없이 쏟아 낸다.

"깨끗한 정치 웃기네. 돈 없으면 정치할 생각 말어. 정치의 ABC도 모르는 게 무슨 정치? 돈 없이는 안 돼. 기름 없이 차가 갈 수 있간? 돈! 돈이면 뭐든지 오케이야~ 오케이!" 라며 빙그레 웃는다.

한 유명한 선거 전략서 책 서문에 다음과 같은 충고가 나온다.

「만약 당신이 돈 안 쓰는 깨끗한 선거를 원한다면 이 책을 덮으시오. 그리고 한 10년쯤 후 정치판이 깨끗해지면 그때 당신의 뜻을 펴시오.」

그러니 돈 없이 정치권에 충원되는 길은 별 따기다. 능력을 돈으로 평가하니 우리 정치에서 새 인재의 등용은 멀다. 정치의 혁신과 개혁이 시급하다.

대안과 처방은 정말 없는 것인가? 게임은 이기는 것도 중요하지만 원칙이 중요하다. 정치에서는 더욱 그래야 한다. 공정한 규정에 대한 집행이 있어야 진 사람도 깨끗이 승복을 하고 승자에게 패배를 인정하며 승자를 축하해 주고, 그때 관중도 박수를 보낸다.

선거활동에 드는 일체의 비용이 선거비용에 포함되어야 하고, 그 한도액은 엄격히 규제되어야 한다. 또한 후보자와 공정한 심판에 대한 엄격한 감시자가 필요하다. 그 감시자는 유권자의 몫이다. 경기장에서 심판자가 지근거리에 있듯, 각 후보 캠프에도 감시자인 유권자가 상주하며 동행·감독해야 한다. 심판관은 국민들로부터 위임받은 권한을 엄정하게 행사해야 한다.

4. 불명예 한국의 대통령들

한국의 역대 대통령들 중에 '상징적 국가원수'였던 윤보선 대통령(4대)과 최규하 대통령(10대)은 논외로 하고, 초기 대통령 두 분은 장기 집권으로, 11대 이후는 도덕성에서 높은 평가를 받은 이가 한 명도 없다는 것은 불행한 일이다.

1) 이승만 대통령

초대~3대 대통령, 하야 망명

2) 박정희 대통령

5대~9대 대통령, 총탄 서거

3) 전두환 대통령

11대~12대 대통령, 동생 전경환 구속, 본인 옥고, 2,205억 원 추징금 선고.

"전 재산은 예금 29만원"이라고 밝혔던 전두환 전 대통령의 추징금 집행률은 24%에 불과하다. 1997년 전 전 대통령 역시 비자금 조성 혐의로 2,205억 원의 추징금을 선고받았으나 2013년 8월까지 추징금은 532억 원, 미납분이 1,672억 원이었고, 2013년 9월 10일 자진납부하기로 하였다.

지난 2003년 6월, 전 전 대통령의 1,891억 원 추징금의 3년 시효가 만료되기 한 달 전, 검찰이 전 전 대통령의 연희동 별채에 대한 강제 경매 처분을 결정해 추징금 환수 시효가 다시 시작되었다. 2006년 6월, 3년 시효 만료를 앞두고 또 한 번 검찰이 전 전 대통령의 재산을 찾아냈다. 전 전 대통령의 서초동 땅을 경매에 내놨고 이는 1억 1,931만 원에 낙찰되었다. 시효 연장을 하는데 성공한 것이다.

지난 2013년 6월 27일 이른바 '전두환 추징법' 개정안이 통과되었다. 추징금 시효가 3년에서 10년으로 늘어났고, 가족을 비롯한 제3자가 불법재산임을 알고 증여받았다면 해당 재산도 추징이 가능하게 된 것이다. 전 가족과 친인척들이 수사 대상이며, 처남은 구속되었다.

4) 노태우 대통령

13대 대통령, 본인 감옥, 2,628억 추징금 선고.

노 전 대통령은 1997년 대통령 재직 당시 5,000억 원대 비자금을 조성한 혐의로 추징금 2,628억 원을 확정판결 받았다. 서울중앙지검 사무국에 따르면 2013년 8월까지 2,397억 징수, 91.2% 징수 완료하고 231억이 남았었으나 16년만인 2013년 9월 4일 완납하였다.

5) 김영삼 대통령

14대 대통령, 아들 감옥

6) 김대중 대통령

15대 대통령, 아들 2명 감옥

7) 노무현 대통령

16대 대통령, 형 노건평 구속, 아들 조사, 부인 조사, 본인 조사, 자살

8) 이명박 대통령

17대 대통령, 형 이상득 구속 등

Ⅳ. 한국 정치와 선진국 정치 비교

1. 한국 정치에서 볼 수 있는 정치 현상

1) 돈 정치 → 돈 없는 사람이 정치하는 시대는 지났다.

2) 패거리 정치 → 친박, 친이, 친노...

3) 무책임 정치 → 잘한 것은 내가, 못한 것은 네가~

4) 망각 정치 → 생각이 안 난다.

5) 선동 정치 → 아니면 말고식 폭로와 선동

6) 지역 정치 → 전라도당, 경상도당, 충청도당...

7) 억지 정치 → 정책은 없고 욕심(욕망)만 있다.

8) 술수 정치 → 리더는 없고 술책만 있다.

9) 선심 정치 → 지킬 수 없는 공약 정책 남발

10) 분할 정치 → 나눠먹기식 계파 안배 공천

2. 한국 정치와 선진국 정치의 비교

1) 부정의 VS 정의

정의롭지 못한 정치와 정의로운 정치와의 대결

2) 돈 정치 VS 도덕 정치

돈으로 똥색 금관을 사고파는 매관매직 정치와 도덕적으로 훌륭한 인재를 발굴하고 키워주는 선진국 정치

3) 권력 중심 VS 국민 중심

권력놀음에 눈이 먼 위정자와 국민과 함께하는 위민자

4) 때려눕히기 VS 상생 정치

'너 죽고 나살자'식 비방, 올라타기와 윈-윈 하는 상생의 정치

5) 자금력 VS 실력

'돈을 얼마나 가졌는가?' 당선의 척도와 실력을 갖춘 국정, 의회 지도자

6) 감성 정치 VS 이성 정치

감정의 표출을 당연시하는 세태와 냉철한 이성적 판단에 따른 행위의 정치

7) 패가망신 VS 인물존경

패가망신(敗家亡身)하는 정치인과 존경받는 정치인

※ 패가망신은 집안 재산을 다 없애고 몸도 망친다는 뜻이다.

V. 한국 정치의 선진화를 위한 제언

1. 돈 안주고 안 받기

돈은 주지도 말고 받지도 말아야 한다.

돈 정치를 청산해야만 저질 정치, 후진 정치의 처량한 신세를 면할 수 있다.

돈으로 정치하는 사람들! 이제 그만 비켜야 한다. 사회를 더럽히지 마

라! 나라를 더럽히지 마라!

2. 적극적 정치 참여

유권자로서의 본분은 물론, 각종 시민운동, 후보자 지원 활동, 정당 활동, 공직 후보자 출마 등으로 정치 전선에 참여하여 몸으로 실천하고 체득한다.

3. 깨끗한 후보 선택하기

정치에서 도덕성은 기본 덕목이다. 특히 공직 후보자로 나서는 출마자들에게는 엄격한 잣대가 대어져야 한다. 허물이 없는 깨끗한 후보자의 발굴과 지원이 필요하다.

4. 좋은 정치인 만들기

좋은 정치인은 하루 아침에 만들어지지 않는다.

정치는 종합예술이고, 정치인은 지휘자이다. 정치인은 때론 연출자로, 역할 연기자로, 스텝으로 역할을 오류가 없이 잘 해내야 한다. 그렇게 하려면 정치는 모든 것에 뛰어난 사람이 할 수밖에 없다. 이는 정치인 개개인의 자만으로도 되는 것이 아니요, 정치인은 오직 국민의 심판을 받아 선택을 받아야 한다. 이런 무오류 정치인이 과연 얼마나 우리 사회와 주변에 존재할까?

정치인이 되는 길은 멀고도 험하다. 그 정치인은 타고나기보다는 만들어지는 것이다.

좋은 정치인을 만들기 위한 노력이 필요하다. 아울러 좋은 인재를 발굴해 좋은 미래지도자, 좋은 국가 정치인을 육성하는 풍토도 조성되어야 한다.

5. 좋은 나라 만들기

좋은 정치인이 나오고, 또 좋은 정치인이 존경받는 세상이 앞당겨지면, 좋은 정치인 그들에게 국가를 맡길 수 있다. 그리고 좋은 정치인, 좋은 국민들과 글로벌시대에 경쟁력 있는 선진 대한민국을 함께 만들어 갈 수 있다. 이것은 당 시대를 살아가는 우리들에게 부여된 준엄한 역사적 사명이다.

Ⅵ. 결론

정치는 바른 길을 가는 것이며, 선진 정치는 오류가 없는, 국민을 위한 정치이다. 이런 선진 정치는 갑자기 오지 않는다. 나무에 기대어 서서 토끼가 잡히기를 기다릴 수는 없다.

대한민국은 지금 선진국의 문턱에서 서성대고 있다. 대한민국의 선진화를 위해서는 '선진화 운동'이 필요하다. 이 운동은 정치·경제·사회·문화 등 각 분야 모두에 걸쳐 일어나야 한다. 특히 정치의 선진화 운동은 선진국으로 가는 지름길이다.

선진화된 국민은 우리 사회를 맑고 밝게 하는 산소이며, 정치의 선진화는 선진국 척도의 완성이다.

제3장 선거의 구성 요소

개 설

1. 선거의 의의

선거란? 선거인이 다수의 후보자 중에서 일정한 선거 절차에 따라 특정인을 대표자로 결정하는 행위이다.

모든 시민이 직접 국가의 결정에 참여하는 것은 불가능하기 때문에 자유롭고 공정한 절차를 거쳐 국민이 선출한 대표자가 국가의 중요한 정책을 결정하는 간접 민주주의 형태로 운영되고 있다. 따라서 공직선거는 대의제 민주주의 실현을 위한 필수 불가결한 수단이다.

2. 선거의 기능

(1) 국가기관(대의기관)을 구성하는 기능

(2) 국가권력에 대하여 민주적 정당성을 부여하는 기능

(3) 국민의 참정권을 현실화하는 기능

(4) 국가기관을 정치적으로 통제하는 기능

(5) 민의에 반하는 지배를 방지하여 혁명이나 쿠데타를 예방하는 기능도 수행한다.

다만, 선거가 국민의 무관심, 금력, 폭력 등의 개입으로 공정성이 상실될 경우에는 지배자의 지배를 정당화시켜주는 도구로 전락할 위험도 있다.

헌법재판소는 선거의 기능에 관하여 '선거는 주권자인 국민에게 국정에 참여하고 정치적 의사를 표현할 기회를 제공하여 주권의 실질적 행사를 보장하고 국가권력의 정당성을 창설하는 정치제도'라고 규정한 바 있다(헌재 1989. 9. 8. 88헌가6).[1)]

Ⅰ. 공직선거법

1. 목적 및 적용범위

헌법과 지방자치법에 의한 선거가 국민의 자유로운 의사와 민주적인 절차에 의하여 공정히 행하여지도록 하고 선거와 관련된 부정을 방지함으로써 민주정치의 발전에 기여함을 목적으로 하고 있다.

이러한 목적 규정은 법해석상 의문이 있는 경우 해석의 기본적인 지침으로서 기능한다.

1) 채한태, 『명품 공직선거법』(서울: 원에듀플러스, 2013), p.10.

1) 헌법과 지방자치법에 의한 선거란?

'대통령 선거, 국회의원 선거, 지방의회의원 및 지방자치단체장의 선거'를 말한다.

2) 선거는 주권의 행사이므로 선거에 있어서 자유는 최대한 보장되어야 한다.

그러나 한편 금권, 관권선거를 막고 과열된 선거운동으로 인한 사회적 부작용을 최소화하여 국민의 의사를 제대로 반영하기 위하여 선거의 공정성이 보장되어야 한다.

선거운동에 일정한 규제가 행해지는 이유는 이러한 '자유와 공정'을 적절히 조화시키기 위함이다.

2. 선거부정 감시방안

1) 선거부정 감시단의 설치

각급선거관리위원회(읍, 면, 동 선거관리위원회는 제외한다)는 선거부정을 감시하기 위하여 선거부정 감시단을 둔다.

2) 선거부정 감시단의 구성

(1) 구성원 수

선거부정 감시단은 선거운동을 할 수 있는 자로서 정당의 당원이 아닌 중립적이고 공정한 자 중에서 중앙선거위원회 규칙으로 정하는 바에 따라 10명 이내로 구성한다.

(2) 선거부정 감시단의 직무

선거부정 감시단은 관할선거관리위원회의 지휘를 받아 선거법에 위반되는 행위에 대한 증거자료를 수집하거나 조사활동을 할 수 있다.

3. 선거 및 선거구관리

1) 중앙선거관리위원회

선거와 국민투표의 공정한 관리 및 정당에 관한 사무를 처리하기 위하여 선거관리위원회를 둔다.

2) 구성

대통령이 임명하는 3인, 국회에서 선출하는 3인, 그리고 대법원장이 지명하는 3인의 위원, 총 9인으로 구성한다.

이 경우 위원은 국회의 인사청문회를 거처 임명, 선출 또는 지명하여야 한다(선거관리위원회 법 제4조 제1항). 위원장은 위원 중에서 호선한다.

(1) 중앙선거관리위원회는 공직선거법에 특별한 규정이 있는 경우를 제외하는 선거사무를 통합 관리하며 하급선거관리위원회(투표관리관 포함) 및 재외선거관리위원회와 재외투표관리관의 위법, 부당한 처분에 대하여 이를 취소하거나 변경할 수 있다.

(2) 중앙선거관리위원회는 국가 및 지방자치단체의 선거에 관한 사무, 국민투표에 관한 사무, 정당에 관한 사무, 법령의 규정에 따라 이 법에 의한 선거관리위원회가 관리하는 공공단체의 선거(위탁선거라

고 함)에 관한 사무, 기타 법령으로 정한 사무를 통합 관리한다(선거관리위원회 법 제3조 제1, 3항).[2]

4. 선거의 종류

1) 현재 우리나라는 '공직선거법'에 의하여

(1) 임기만료에 의한 선거

(2) 재선거

(3) 보궐선거 등이 '법정주의'를 채택하고 있으며,

(4) 대통령의 궐위로 인한 선거 또는 재선거

(5) 지방자치단체의 설치, 폐지, 합병에 의한 지방단체장 선거에서만 예외적으로 '공고주의'를 채택하고 있다.

다만, 선거일이 국민생활과 밀접한 관련이 있는 민속 절 또는 공휴일인 때와 선거일 전일이나 그 다음날이 공휴일인 때에는 그 다음 주 수요일로 정한다.

2) 교육의원 선거와 교육감 선거는 지역구 시, 도의원 선거 및 시, 도지사 선거의 선거일과 동일하다.

---

1) 채한태, 『명품 공직선거법』(서울: 원에듀플러스, 2013), p.27.

Ⅱ. 선거구제

1. 선거구제의 유형

1) 소선거구제

- 1선거구에서 1인의 대표자를 선출하는 것을 의미하며 다수대표자 1인만을 선출하므로 다수대표제라고도 한다.
- 1인의 후보자에게만 투표하며 다수득표자가 당선인이 된다.
- 우리나라 지역구 국회의원 및 광역시, 도의원 선거 시 선거구별 1인을 선택하는 소선거구제를 선택하고 있다.

2) 중선거구제

- 1선거구에서 2~5인의 대표자를 선출하는 것을 의미한다.
- 지방자치구, 시, 군의원 선거의 경우 선거구 별로 2~4인을 선출하는 중선거구제를 채택하고 있다.

3) 대선거구제

- 일반적으로 1선거구에서 6인 이상 대표자를 선출하는 것을 의미한다.
- 소수의 지지를 받는 후보자도 선출이 가능하므로 소수대표제라고도 한다.
- 투표방법은 단기 또는 연기방식이 모두 채택될 수 있으며 대부분 소수대표제와 비례대표제이지만, 연기 투표방식의 경우 다수대표제로 작용하는 경우도 있다.

2. 선거구제의 장, 단점

1) 소선거구제

일반적으로 다수대표제는 소선거구제를 취한다. 다수대표제는 양당제의 형성에 기여하여 안정된 정국을 이끌어갈 수 있다는 장점이 있으나, 지나친 사표의 발생으로 유권자의 의사를 선거에 반영하지 못한다는 단점이 있다.

2) 중선거구제

중선거구제는 신진세력을 의회로 진입이 가능하게 하는 장점이 있다. 그러나 이러한 장점을 살리기 위해서는 1선거구에 2인이 아닌 3~4인을 뽑는 것을 기본으로 삼아야 하며, 정당이 해당지역구의 국회의원수와 같은 수의 후보자를 공천하는 복수공천제를 막아야 한다.

복수공천제를 막아야 하는 이유는?

첫째, 계파에 기초한 파벌정치가 난무하게 되고,

둘째, 계파 관리에 소요되는 엄청난 정치자금 조달을 위한 정경유착 등을 가져올 수 있기 때문이다.

3) 대선거구제

5인 이상의 대표를 선출할 경우, 우후죽순으로 많은 후보자가 난립하여 유권자가 후보를 구분하기 어려운 단점이 있다. 또한, 대선거구제는 복수공천을 허용할 수밖에 없는데 이 경우 공천을 둘러싼 계파 간의 싸움이 치열해질 것이고, 계파의 관리를 위해 음성적인 돈거래와 정치거래가 횡행해질 것이 예측된다.

4) 비례대표제

유권자의 투표가치를 평등하게 취급하고 정확하게 반영한다(사표방지). 또한 신진세력에게도 의회진출의 기회를 주어 정치개혁을 이룰 수 있는 토대가 되며, 다양한 여론의 반영이 된다. 그러나 군소 정당의 난립을 초래할 위험이 있고 기술적으로 시행하기 어렵다. 선거인과 국회의원 간에 정당이 개입함으로써 어느 정도 직접선거의 원칙에 모순될 수 있는 단점이 있다.

매관매직 뒷거래 가능성이 있어 원래의 취지에 반할 수도 있다.

Ⅲ. 정당

1. 정당의 종류

정치적인 주의나 주장이 같은 사람들이 정권을 잡아 정치적 이상을 실현하기 위하여 조직한 단체이다.

정당의 성향을 보면 진보, 중도, 보수정당이 있으며, 선거 때가 되면 이런 저런 명분을 내세워 신생정당이 속출하고 지역을 기반으로 한 지역색을 나타내므로 정당 공천 자체가 당선 또는 낙선을 예측할 수 있을 정도이다.

(1) 여당 : 대통령이 소속된 정당으로 집권을 하고 있는 정당

(2) 야당 : 집권을 하지 못한 당으로 당세(국회의원 보유수)에 따라 제1야당, 제2야당, 제3야당 등으로 분류된다.

2. 정당의 후보자공천 6가지 방법

후보자에게 정당의 공천은 정당이나 당원이 선거운동을 대행해주는 것과 정당선택 투표유권자의 수를 배정받고 선거를 시작한다는 점에서 무소속보다는 상당히 유리하다.

특정지역을 기반으로 하고 있는 정당의 공천은 특정지역의 정당 공천 후보에게는 곧 당선을 의미하는 것이라고 볼 때, 공천경쟁에서 먼저 이겨야 한다. 따라서 정당이 공천하는 방법과 유형을 먼저 알고 공천경쟁을 할 것인지 여부를 판단해야 할 것이다.

1) 개혁공천

당의 면모쇄신을 위하여 공천심사 기준을 두어 모든 공천신청자에게 적용하여 심사·공천하므로 유권자로부터 당의 지지를 받기 위한 방법이다.

- 고령 : 65세 이상 초선 공천 배제
- 다선 : 5선 이상이며 고령일 경우 배제
- 전과 : 금고 이상의 형을 받은 자
- 도덕성 : 해당행위자이거나 언론에 보도되어 도덕적으로 물의를 일으켜 사회에 악영향을 미친 자
- 철새정치인 : 선거 때마다 당을 옮겨 다니거나 선거구를 3회 이상 옮겨 다니면서도 낙선만 거듭한 자

2) 전략공천

정치 1번지라고 하는 선거구나 국민의 관심이 높은 선거구에서 승리를 쟁취하기 위해 득표능력이 높은 후보를 임의로 선정, 공천한다.

- 전국 선거분위기를 당이 유리하도록 고조시킬 수 있는 후보
- 사회 유명인사 영입 공천

3) 계파공천(지명공천)

당의 실세나 계파 간의 공천갈등을 최소화하기 위하여 실세가 지명하거나 계파의 공천 요구자를 지명공천한다.

- 지명공천 받을 수 있는 당 실세의 측근이거나 계파에 속해 있어야 한다.
- 계파에 충성심을 인정받아야 한다.

4) 당 기여공천

오랫동안 당의 발전에 물심양면으로 기여한 공이 지대한 자를 보상 차원에서 공천한다.

- 출마하면 당선 가능성이 높아야 한다.
- 당 실세나 계파 모두로부터 인정받아야 한다.
- 당 운영 특별당비 및 당 발전기금 등의 헌납액수가 상당하면 당, 낙에 상관없이 공천한다(대체로 당선 가능성이 점치기 어려운 곳에 공천한다).

5) 상향식 공천(공천신청 후보자 경쟁공천)

선거구에서 공천신청을 받아 선거구 내 당원들이 후보를 선출하여 도당이나 중앙당에서 인준을 하여 공천을 한다.

- 출마 시 경쟁력이 높아야 한다.
- 중앙당의 공천기준을 철저히 적용한다.

- 대체로 당원과 여론조사 결과에 의존하여 결정한다.
- 지선의 경우는 기초자치단체장, 광역의원, 기초의원 후보공천에 당협위원장의 입김이 높아 공정한 경선이 안 될 수도 있다.

6) 국민 참여 공천(Open Primary)

후보자를 선출하기 위한 예비선거의 방식이다.

법이 강제하는 것이 없기 때문에 정당에서 마음대로 시행이 가능하나, 정당의 후보자 선출에 일반유권자도 직접 투표에 참여한다는 의미에서 정치발전에 도움이 된다고 하여 이것을 대통령 후보 경선에서 시행하는 정당이 있다.

3. 정당이 후보자 공천을 위한 여론조사 방법

정당에서 공천신청을 한 후보자들의 출마지역에서의 경쟁력을 판단하기 위하여 여론조사를 할 때, 다음의 방법 중 하나를 선택하여 실시한다.

1) 전화질의 응답조사

- 일반전화를 통해 지역의 유권자에게 조사자가 직접 질의하여 설문지를 작성하는 방법이다.
- 미리 녹음된 목소리로 응답자에게 묻고 응답자는 전화기의 해당되는 숫자를 눌러 대답하는 ARS조사 방법이 있다.
- 조사비용이 저렴하고 신속한 조사결과가 나오므로 가장 많이 사용하는 방법이다.

※ 전화질의 응답조사의 문제점

– 일반전화번호부를 대상으로 표본을 추출한 것이므로 가정집일 경우 응답자가 여성이거나 고령의 응답자가 대다수이다. 계층 간 연령별, 남녀별, 직업별, 분류 조사가 어렵다.
– 대체로 인지도가 높은 후보가 지지후보로 지명될 가능성이 높아 실제 선거에서의 경쟁력을 평가받기 어렵다.
– 직장인 경우에는 선거구 내 유권자여부 파악이 어렵다.
– 공천신청 예비후보자가 자신의 지지자들에게 일반전화를 휴대폰에 착신되도록 요청하여 조사에 응할 경우 계층 간 연령별, 남녀별, 직업별 분류에 끼어들 수 있으므로 조사내용을 왜곡시킬 수 있다.

2) 면접 청취 조사

- 조사원이 직접 응답자를 대면하여 설문지를 작성하는 방법이 있다.
- 조사의 신뢰도는 높으나 조사의 고비용과 시간이 많이 소요되어 선거여론조사에서는 거의 사용을 안 하고 있다.

3) 설문조사

응답자에게 설문지를 배포하여 설문지 작성을 요구하여 조사하는 방법이다. 그러나 설문지를 발송하고 작성된 설문지를 100% 회수하는 것도 의문이며, 회수기간이 분명치 않아 신뢰도는 ARS보다 높지만 선거에서는 시간과 비용문제로 사용을 잘 안 하고 있다.

Ⅳ. 선거일

1. 선거별 선거일 결정과 임기

1) 대통령 선거

(1) 임기만료일전 70일 이후 첫 번째 수요일에 실시한다.

(2) 대통령의 임기 개시

전임 대통령의 임기만료일의 다음날(2월 25일) 0시부터 개시된다. 다만, 전임자의 임기가 만료된 후의 선거와 궐위에 인한 선거에 의한 대통령의 임기는 당선이 결정된 때부터 개시되며, 임기는 새롭게 시작하여 5년이다.

2) 국회의원 선거

(1) 국회의원 선거일

임기만료일전 50일 이후 첫 번째 수요일에 실시한다.

(2) 국회의원의 임기 개시

총선거에 의한 전임 의원의 임기만료일의 다음날(5월 30일)부터 개시된다. 다만, 전임자의 임기가 만료된 후에 실시하는 선거에 의한 의원의 임기는 당선이 결정된 때부터 개시되며 전임자의 잔임 기간으로 한다.

3) 지방선거

(1) 지방자치단체장 및 지방의회의원 선거일

임기만료일전 30일 이후 첫 번째 수요일에 실시한다.

(2) 지방자치단체장 및 지방의회의원의 임기 개시

- 지방자치단체장 : 전임 단체장의 임기만료일 다음날(7월 1일)부터 개시된다. 다만, 전임 단체장의 임기만료 후 실시하는 선거와 지자체의 폐지, 분합으로 인해 새로 선거를 실시하는 단체장의 임기는 당선이 결정된 때부터 개시되며 전임자 또는 같은 종류의 단체장의 잔임 기간으로 한다.
- 지방의회의원의 임기도 지방자치단체장과 동일하다.

4) 보궐선거 등의 선거일

(1) 대통령의 궐위로 인한 선거 또는 재선거(선거의 일부 무효로 인한 재선거 제외) : 선거의 실시사유가 확정된 때부터 60일 이내. 선거일은 늦어도 선거일전 50일까지 대통령 또는 대통령 권한 대행자가 공고하여야 한다.

(2) 지역구 국회의원, 지방의원, 지방자치단체장의 보궐선거·재선거 및 지방의원의 증원선거

- 전년도 10월 1일부터 3월 31일까지 사이에 선거의 실시사유가 확정된 때는 4월 중 마지막 수요일. 다만, 지방자치 선거가 있는 해의 국회의원 재·보궐선거는 지방자치 선거일 후 50일이 지난 첫 번째 수요일
- 4월 1일부터 9월 30일까지 사이에 선거의 실시사유가 확정된 때는 10월 중 마지막 수요일

(3) 지방자치단체의 설치, 폐지, 분할 또는 합병에 의한 지방자치단체장 선거는 실시사유가 확정된 때부터 60일 이내, 관할선거구선관위원장이 해당 지방자치단체장(직무대행자 포함)과 협의하여 선거일

전 30일까지 공고하여야 한다.

(4) 선거의 일부 무효로 인한 재선거

확정판결 또는 결정의 통지를 받은 날부터 30일 이내 관할선관위가 재선거일을 정하여 공고한다.

5) 선거의 실시 사유가 확정된 때

(1) 대통령의 궐위로 인한 선거 : 그 사유가 발생한 날

(2) 지역구 국회의원의 보궐선거 : 중앙선관위가 그 사유의 통지를 받은 날

(3) 지방의원 및 지방자치단체장의 보궐선거 : 관할선관위가 그 사유의 통지를 받은 날

(4) 재선거

그 사유가 확정된 날(법원의 판결 또는 결정에 의하여 확정된 경우에는 관할 선관위가 그 판결이나 결정의 통지를 받은 날). 이 경우 하나의 선거의 같은 선거구에 보궐선거의 실시사유가 확정된 후, 재선거 실시사유가 확정된 경우로서 그 선거일이 같은 때에는 재선거로 보고 보궐선거의 실시사유가 확정된 때를 재선거의 실시사유가 확정된 때로 본다.

(5) 지방의회 의원의 증원선거

새로 정한 선거구에 관한 별표 2 또는 시, 도 조례의 효력이 발생한 날

(6) 지방자치단체의 설치, 폐지, 분할 또는 합병에 의한 지방자치단체장 선거는 당해 지방자치단체의 설치, 폐지, 분할 또는 합병에 관한 법률의 효력이 발생한 날

V. 선거운동기간

1. 대통령선거는 후보자 등록마감일의 다음 날부터 선거일까지(23일간)

2. 국회의원선거와 지방자치단체의 의회의원 및 장의 선거는 후보자 등록 마감일 후 6일부터 선거일까지(14일간)

VI. 선출 직종

현행 공직선거법에 규정한 국민 직선 선출직은 다음의 8가지의 선출직이 있다.

1. 대통령
2. 국회의원 : 지역구 의원과 정당 비례대표 의원
3. 광역단체장 : 광역시장, 도지사
4. 광역 시, 도 교육감
5. 기초단체장 : 구청장, 시장, 군수
6. 광역단체 의원 : 지역구 의원과 정당 비례대표 의원
7. 기초단체 의원 : 지역구 의원과 정당 비례대표 의원
8. 교육의원

Ⅶ. 피선거권

각종의 공직선거에 입후보하여 선출될 수 있는 권리를 말한다.

'공무담임권'은 여러 가지 선거에 입후보하여 당선될 수 있는 피선거권과 국정과 관계되는 모든 공직에 임명될 수 있는 공직취임권을 포괄하는 개념이다.

1. 대통령 선거의 피선거권

선거일 현재 5년 이상 국내에 거주하고 있는 40세 이상인 국민이어야 하며, 이 경우 공무로 외국에 파견된 기간과 국내에 주소를 두고 일정기간 외국에 체류한 기간은 국내 거주기간으로 본다.

2. 지방의회 의원 및 지방자치단체장 선거의 피선거권

25세 이상의 국민인 동시에 선거일 현재 60일 이상 당해 지방자치단체의 관할구역 안에 주민등록이 되어 있는 주민(국내거주 신고인 명부에 올라 있는 경우를 포함). 이 경우 60일을 계산함에 있어서 공무로 외국에 파견되어 선거일전 60일 후에 귀국한 자는 선거인명부 작성 기준일부터 계속하여 선거일까지 당해 지역에 주민등록이 되어 있으면 된다.

3. 국회의원의 피선거권

국회의원이 지역구에서 선출되기는 하지만 국가의 입법기관의 구성원으로서 국민대표적 성격을 가지고 있는 데에 기인하여 거주요건을 요구하지 아니하며 25세 이상인 국민이면 된다.

Ⅷ. 각종 선거의 조건

1. 대통령 선거

1) **선거구역** : 전국

2) **임기** : 5년

3) **선거절차** : 후보자 등록, 선거운동, 투표, 개표, 당선인 결정

4) **후보 추천제**

- 정당 추천제 : 정당은 공직 선거에 있어 그 소속당원을 후보자로 추천할 수 있다.
- 선거권자 추천제 : 5개 이상의 시, 도에 나누어 하나의 시, 도에 주민 등록이 되어 있는 선거권자의 수를 700인 이상으로 한 3,500인 이상 6천인 이하 추천 서명

5) **후보등록 기탁금**

- 기탁금액 : 3억 원
- 반환기준 : 후보자의 득표수가 유효득표 총수를 후보자수로 나눈 수 이상이거나, 유효투표 총수의 100분의 15 이상일 때 후보기탁금을 반환한다.

6) **당선인 결정**

유효투표수의 다수를 얻은 자를 당선인으로 하고 이를 국회의장에게 통지하며 후보자가 1인일 때에는 선거권자 총수의 3분의 1 이상 득표해야 당선인이 됨

2. 국회의원 선거

1) 선거구역

- 지역구 국회의원 : 246지역구로 나누어져 있다.
- 정당 비례대표의원 : 54명으로 전국이 선거구역이다.

2) 임기 : 4년

3) 선거절차 : 예비후보자 등록, 본 후보자 등록, 선거운동, 투표, 개표, 당선인 결정

4) 후보 추천제

(1) 정당 추천제(정당공천 후보)

정당은 공직선거에 있어 그 소속 당원을 추천할 수 있다.

(2) 선거권자 추천제(무소속 후보)

선거구 내 선거권자 300인 이상~500인 이하 추천서명

5) 기탁금액 : 1,500만 원

6) 기탁금 반환기준

(1) 지역구 국회의원 선거에 있어 후보자가 당선되거나 사망한 경우와 유효투표 총수의 100분의 15 이상을 득표한 경우에는 기탁금 전액(기탁금 부담비용 제외)을 반환하며, 유효투표 100분의 10 이상 15 미만을 득표한 경우에는 기탁금의 100분의 50에 해당하는 금액을 반환함

(2) 비례대표 국회의원 선거에 있어 당해 후보자 명단에 올라있는 후보자 중 당선인이 있을 때는 기탁금 전액(기탁금 부담비용 제외)을 반환함

7) 당선인 결정

(1) 지역구 선거 : 유효투표의 다수를 얻은 자를 당선인으로 결정하며 최고 득표자가 2인 이상일 경우에는 연장자를 당선인으로 결정하고 후보자가 1인인 경우에는 선거일에 그 후보를 당선인으로 결정함

(2) 비례대표 선거 : 비례대표에서 얻은 득표비율에 따라 의석을 배분한다.

3. 동시 지방선거

1) 선출직종

(1) 광역시장, 도지사

(2) 시, 도 교육감

(3) 기초단체장

(4) 광역시, 도의원

(5) 비례대표 시, 도의원

(6) 기초의원

(7) 비례대표 기초의원

(8) 교육의원

2) **임기** : 4년

3) **선거기간** : 14일

4) **선거절차** : 후보자 등록, 선거운동, 투표, 개표, 당선인 확정

5) 예비후보자 등록

예비후보자가 되려는 사람(비례대표 국회의원 선거 및 비례대표 지방의회의원 선거는 제외한다)은 다음 각 호에서 정하는 날(그 날 후에 실시사유가 확정된 보궐선거 등에 있어서는 그 선거의 실시사유가 확정된 때)부터 관할선거구선거관리위원회에 예비후보자 등록을 서면으로 신청하여야 한다.

- 시, 도지사 및 교육감 선거 : 선거 기간 개시일전 120일부터
- 지역구시·도의회의원 선거, 자치구·시의 지역구 의회의원 및 장의 선거 : 선거 개시일전 90일부터
- 군의 지역구 의회의원 및 장의 선거 : 선거 개시일전 60일부터

6) 예비후보자 등록 기탁금

- 후보자 기탁금의 20%에 해당하는 금액

7) 후보 추천제

- 정당 추천제 : 정당은 공직선거에 있어 그 소속 당원을 후보자로 추천 할 수 있다.
- 선거권자 추천제 : 선거권자 추천은 선거구 내 선거권자 추천 서명을 받아 후보로 등록할 수 있다.
- 시, 도지사 및 광역단체장 : 1,000~2,000명
- 지방자치단체장 : 300~500명
- 광역 시, 도의원 : 100~200명
- 기초단체 의원 : 50~100명

8) 후보 기탁 금액

후보자 등록을 신청하는 자는 등록신청 시에 후보자 1명마다 다음 각 호의 기탁금을 중앙선거관리위원회규칙으로 정하는 바에 따라 관할선거구선거관리위원회에 납부하여야 한다. 이 경우 예비후보자가 해당 선거의 같은 선거구에 후보자 등록을 신청하는 때에는 제60조의2제2항에 따라 납부한 기탁금을 제외한 나머지 금액을 납부하여야 한다.

- 시·도의회의원 선거 : 300만 원
- 시·도지사 선거 : 5천만 원
- 자치구·시·군의 장 선거 : 1천만 원
- 자치구·시·군의원 선거 : 200만 원
- 교육의원 선거 : 300만 원

9) 반환기준

후보자의 득표수가 유효투표 총수를 후보자로 나눈 수 이상이거나,

유효투표 총수의 100분의 15 이상일 때(기탁금 부담비용 제외)

10) 당선인 결정

- 지방의원 선거 : 지역구 시, 도의원 선거와 자치구 구, 시, 군 선거는 비교 다수대표제(동표시 연장자가 당선)이며 후보자 1명인 경우 무투표 당선제 인정
- 비례대표 지방의원 선거 : 지역구 득표비율 비례대표제(지역구 시도의원 기초의원 선거에서 100분의 5 이상을 득표한 정당을 대상으로 함)
- 하나의 정당에 의석 정수의 3분의 2 이상 배분할 수 없다.
- 후보자 1인일 때 무투표 당선 인정
- 최고 득표자가 2인일 때 연장자가 당선된다.

11) 지방선거의 직종별 선출인원수[3)]

(1) 광역단체장 : 17명

- 광역 시 : 서울, 부산, 대구, 인천, 광주, 울산, 대전(7)
- 자치 시 : 세종, 제주(2)
- 도 : 경기, 경북, 경남, 전북, 전남, 충북, 충남, 강원(8)

(2) 시, 도 교육감 : 17명

- 광역 시 : 서울, 부산, 대구, 인천, 광주, 울산, 대전(7)
- 자치 시 : 세종, 제주(2)
- 도 : 경기, 경북, 경남, 전북, 전남, 충북, 충남, 강원(8)

3) 안전행정부, 2013 「안전행정통계연보」 참조.

(3) 광역의원 : 총 773명

- 지역구 의원 : 691명
- 정당 비례대표 의원 : 82명

(4) 기초단체장 : 총 262명

- 시 : 74명
- 군 : 84명
- 자치구 : 69명
- 행정시 : 2명
- 일반구 : 33명

(5) 시, 도 교육의원 : 82명

(6) 구, 시, 군 기초단체 의원 : 총 2,876명

- 지역구 의원 : 2,501명
- 정당 비례대표 의원 : 375명

※ 지방선거의 특이점

1. 교육감 후보와 교육의원 후보는 정당공천이 없다.

1) 정당지원이 표면화되면 선거법 위반으로 인정된다.

2) 선거사무원이나 선거운동원 선정에도 정당원은 활용하지 못한다.

3) 따라서 선거운동원 확보가 어렵다.

2. 교육감과 교육의원은 2010년 6·2 동시지방선거에서 처음 동시 직선제로 치루는 선거였다.

1) 초대 민선교육감 선거는 교육위원이 선출하는 간선제

2) 2대 민선교육감 선거도 간선제였으나 운영위원(한 학교에 10~15명 정도의 교사 위원과 학부모 위원, 지역 위원으로 구성)이 선출

3) 2007년 직선제로 개정 그 해 하반기부터 시행됨

4) 선거구도가 비 전교조 대 전교조와 보수 대 진보 대립 양상이 예상된다.

5) 후보의 교육정책에 따른 공약내용에 따라서는 여와 야의 대립도 예상된다.

3. 광역 시, 도의원과 기초단체 구, 시, 군의원 후보에는 정당비례대표 후보가 있다.

광역 시, 도의원과 기초단체 의원은 지역구 후보와 정당 비례대표 후보가 있어 하나의 선출직에 지역구 의원에 대한 투표와 정당 비례대표 후보에 대한 정당에 투표를 하여야 한다.

4. 광역 시, 도의원과 기초단체의원 선거구가 동일한 구역이다.

1) 광역 시, 도의원 선거는 소선거구제(1명 선출) 선거구역이며,

2) 기초단체의원 선거는 중선거구제(2명 이상 선출)이며 광역 시, 도의원 선거구와 같은 범위의 선거구역이다.

5. 기초단체의원 선거구에서 선출인원은 2명 이상 4명 이하이다.

1) 한 직종 한 선거구에서 2명 이상을 선출하므로 후보의 난립이 예상되며 선거법정비용을 환수받지 못하는 후보가 속출한다.

2) 정당에서 선출인원에 비례하여 지역구 기초단체의원 후보를 공천하므로 같은 당, 같은 직, 같은 선거구역 후보들끼리 선거공조를 할 수도 없고 동지가 될 수도 없다.

6. 유권자는 8장의 투표용지에 기표해야 한다.

지역구 선출직 6종류(후보자에 투표)와 정당 비례대표 의원 선출 2종(정당에 투표)으로 유권자의 투표용지는 8장이다.

7. 기초의원 후보의 기호 부여 방법에 따라 당락에 영향을 미친다.

1) 정당추천 후보

정당이 추천하는 기초의원공천 후보의 기호를 당에서 지정 부여할 수 있다.

2) 따라서 정당선택 투표유권자의 투표성향이 첫 번째 등록된 후보를 기표하는 경우가 많으므로 당 추천서열 첫 번째 등록된 후보는 정당선택 투표유권자의 투표로도 당선이 유력하지만 두 번째, 세 번째 후보는 후보선택 투표유권자의 표를 받아야 하므로 후보개인 지명도가 높지 않으면 당선이 희박하다.

8. 선거운동종사자 확보가 어렵다.

1) 여섯 종류의 선출직에 평균 4명 정도의 후보자가 출마한다고 예상하면 한 선거구(기초의원 선거구역)에 24명의 후보자가 있고, 한 후보의 선거운동종사자를 평균 20명으로 볼 때, 480명의 선거운동종사자가 필요하다.

2) 정당추천 후보자보다 선거권자 추천 후보자(무소속 후보)의 선거운동종사자의 확보가 어렵다.

3) 교육감과 교육의원 후보는 친·인척이라 해도 정당원은 선거운동종사자로 활용할 수 없으므로 염두에 두고 미리 대처해야 한다.

9. 현수막 부착 지점 선정이 어렵다.

1) 1선거구(시군구 의원선거구역)에 6직의 후보가 평균 4명이면 24명의 후보자가 출마하므로 현수막 부착 지점을 사전 답사하여 후보 등록 시 관할 선관위에 선착순 등록한 후보에 우선권을 주므로 유의해야 한다.

2) 현수막이 어느 위치에 부착되었는지에 따라 후보자 인지도를 높이는 효과에 차이가 있다.

10. 여론조사하기가 어렵고 신뢰도도 많이 떨어진다.

1) 여론조사 기관이나 각 후보 진영에서 여론조사를 하기 때문에 유권자들이 여론조사에 대한 거부반응이 심하다.

2) 응답자들의 불성실한 답변과 형식적인 조사에 그치기 쉬워 조사 내용을 신뢰하기 어렵다.

11. 무소속 후보(선거권자 추천 후보)의 당선이 어렵다.

1) 선출직 6종류에 후보가 난립하면 부동표 성향의 유권자는 복잡한 선거방법과 구분하기도 힘든 후보자들의 인지가 귀찮아 기권해 버리든지 평소 염두에 두고 있던 정당소속의 후보자에게 투표하는 경우가 많다.
2) 후보를 꼼꼼히 살피고 판단하던 후보자선택 투표유권자도 후보 선정 판단이 어려워 정당선택 투표유권자로 변하기 쉬우므로 무소속 후보의 당선이 어려워진다.
3) 정당공천 후보자는 선출직 별로 같은 지역 후보끼리 유기적인 협조로 유권자 공유가능성이 있으나, 무소속 후보는 본인의 고정표인 후보선택 투표성향의 유권자수 이상의 득표 가능성이 없다.
4) 개인적인 고정표(후보선택 투표유권자) 제고가 당, 낙을 가른다.

12. 지선에서 선출직별 정당공천 후보자 간의 유기적 협조방안

1) 광역 시, 도지사 후보

구, 시, 군 선거구 방문유세 시, 같은 당 공천후보인 기초단체장, 광역의원 및 기초의원 후보와 당직자 당원, 선거운동 종사원을 총동원시켜 후보자 간 상호 지원유세를 함으로써 당세 과시 및 당의 결속력을 유권자에게 인정받도록 한다.

2) 기초단체장 후보

선거구 내 정당연설이나 개인 유세에 당 공천후보(광역 시도의원, 기초단체의원) 전원이나 해당지역 출마후보를 대동하여 상호 지원유세를 한다.

3) 유기적인 협조에 따른 효과 분석

(1) 선거공약의 믿음 효과

같은 당 공천을 받은 후보들이 발표한 공약에 대해 이구동성으로 한 목소리를 내면 공약의 실현 가능성에 높은 믿음을 갖게 되고 정당 선택 투표성향의 유권자로 바뀔 수 있다.

(2) 정당 선택 투표유권자의 공유 효과

유권자가 정당추천 후보 중 투표할 마음의 결정을 한 후보가 있다면 같은 당 공천 다른 직 후보도 웬만하면 줄줄이 사탕으로 선택해 버리는 것이 유권자의 투표성향 중 한 가지이다. 따라서 후보자끼리 선거운동을 공조하면 같은 당 공천 다른 직 후보의 지지자를 상호 공유할 수 있다.

(3) 선거비용 절감 효과

선거사무실이나 선거운동 종사원에게 투자해야 하는 비용을 절감할 수 있다.

13. 기초단체장과 기초의원 후보의 정당추천이 없어지면

정당공천 후보일 때는 정당이나 당원이 선거운동을 대행해 주어 정당의 지지도와 정당선택 투표유권자의 표를 받아 당선이 유력했었지만, 후보자들 모두가 무소속 후보(선거권자 추천 후보)가 되면 후보자가 선거에 필요한 모든 것을 준비해야 한다.

1) 정당이나 당원은 공개적으로 무소속 후보를 지원할 수 없다.
2) 정당선택 투표유권자는 없고 후보선택 투표유권자만 있기 때문에 후보자의 경쟁력만이 투표의 기준이 된다.
3) 후보자의 경쟁력 홍보방법에 따라 후보자의 지지도가 높아지고 당선을 기대할 수 있다. 그래서 선거전문가가 절대 필요하다.
4) 후보자가 선거에 모든 것을 준비해야 하므로 선거 방법의 기본을 충분히 공부 해 두는 것이 좋다.
5) 정당 비례대표 기초의원 후보는 없어진다.

PART 02 선거 전략

제4장 유권자 분석

I. 유권자의 선거권

각종의 공직선거에 참여하여 투표할 수 있는 권리를 말한다.

헌법은 "모든 국민은 법률이 정하는 바에 의하여 선거권을 가진다."(24조)라고 규정하고 있다.

1. 국적 요건

'국적법'에 의한 대한민국 국민의 요건을 갖추었는지에 따라 결정된다.

(1) 선천적으로 출생(혈통)이나 출생지에 따른 국적취득자

(2) 후천적으로 인지, 귀화, 수반 등으로 국적을 취득한 국민

(3) 출입국관리법령에 따라 영주의 체류자격취득일 후 3년이 경과한 19세 이상의 외국인으로서 해당 지방자치단체 외국인 등록대장에 올라 있는 사람에게도 체류지역의 지방자치단체 선거의 선거권을 부여함.

2. 연령 요건

19세 이상의 국민은 선거권이 있으며, 선거권자와 피선거권자의 연령은 선거일 현재로 산정한다.

3. 주소 요건

선거인명부 작성기준일(대통령 선거는 선거일전 28일, 나머지 선거는 선거일전 19일) 현재 당해 지방자치단체의 관할구역 안에 주민등록이 되어 있어야 한다.

4. 선거권이 없는 자

선거일 현재 다음 각 호의 어느 하나에 해당하는 자는 선거권이 없다.

1) 금치산 선고를 받은 자

2) 금고 이상의 형의 선고를 받고 그 집행이 종료되지 아니하거나 그 집행을 받지 아니하기로 확정되지 아니한 자

3) 선거법 위반자

4) 100만 원 이상의 벌금형의 선고를 받고 그 형이 확정된 후 5년 또는 형의 집행유예의 선고를 받고 그 형이 확정된 후 10년이 경과하지 아니하거나, 징역형의 선고를 받고 그 집행을 받지 아니하기로 확정된 후 또는 그 형의 집행이 종료되거나 면제된 후 10년을 경과하지 아니한 자(실효된 자도 포함한다.)

Ⅱ. 유권자의 정치 수준

유권자의 정치적 수준을 가늠할 수 있는 방법은 매우 애매모호하다.

1. 유권자의 투표 성향

1) 보수, 중도, 진보 성향의 유권자가 있다.

(1) 보수 : 재래의 풍습 습관과 전통을 중요시하여 그대로 지키길 원하는 주의(50대 이상과 상류층이 많다.)

(2) 중도 : 잘못된 것은 고치고, 잘된 것은 지키고자 하는 주의(30~40대와 중산층이 많다.)

(3) 진보 : 사회의 모순을 변혁하려는 점진적 사상주의(10~30대와 저소득층이 많다.)

2) 고정표, 유동표, 부동표가 있다.

선거운동원 교육 전략에 상세내용 설명

3) 정당선택 투표유권자

(1) 유권자 스스로 보수, 중도, 또는 진보로 자리매김하여 정당을 선택하여 투표한다.

(2) 보수성향이 강한 장, 노년층과 진보성향이 강한 20~30대의 청년층이 많다.

(3) 정치 무관심으로 후보에 대한 정보부재이거나 후보자를 비교 분석하여 판단하기 어려운 유권자가 정당을 보고 투표하며 기권율이

높은 층이다.

4) 후보선택 투표유권자

(1) 후보자의 자질과 능력, 그리고 공약의 필요성과 실현 가능성을 평가하여 후보선택 투표를 한다.

(2) 학연, 혈연, 지연, 또는 개인적인 인연을 이유로 후보를 선택하여 투표한다.

(3) 특정 후보와 관계설정을 하여 필연이라고 믿고 투표한다.

2. 유권자 기권 이유

(1) 누가 당선 되든지 나와는 상관없다.

(2) 내가 찍어도 떨어질 것이다.

(3) 내가 안 찍어도 당선될 것이다.

(4) 생계가 더 급하다.

(5) 찍어 줄 후보가 없다.

(6) 건강이 안 좋아 투표장까지 못 간다.

Ⅲ. 유권자의 투표행위 분석

1. 연령별 분류

1) 10~20대

진보성향이 높으나 정치적 견해가 불분명하여 사회적 분위기에 편승하거나 정당선택 투표유권자가 많고 투표율이 저조하다.

2) 30~40대

보수와 진보가 양분되어 있으며 후보자에 대해 꼼꼼히 따져 보아 후보자 선택 투표유권자가 과반은 되며 재·보궐선거를 제외하고 투표율이 높은 편이다.

3) 50~60대

보수성향이 다수이며 정치에 관심이 많으나 피동적이다.

4) 60대 이상

극 보수성향이 많으나 위기상황이라 느끼지 않으면 결집력이 떨어지고 기권율이 높다.

2. 직업별 분류

(1) 직장인, 기술자, 연구원, CEO 등 안정된 생활을 하고 있다고 판단되는 직종에 종사하는 직업인들은 보수성향이 높은 편이며 투표율도 높은 편이며 지지자가 낙선가능성이 높아 보이면 은근히 선거운동을 하기도 하며, 따라서 자신의 사표방지로 '올바른 선택'이었음을 증명하려 한다.

(2) 농, 축, 수산업이나 규모가 작은 자영업, 상업, 재래시장 상인, 건설노동 분야에 종사하는 유권자는 정치나 선거에 관심도가 낮은 편이며, 지지후보가 낙선가능성이 높아 보이면 기권해 버리거나 여론을

주시하여 당선 가능성이 높은 쪽 후보자에게 투표하여 자신의 사표를 방지하고 정신적 후환이 없도록 한다.

3. 출신 지역별 분류

(1) 충남과 호남, 제주 출신은 학연, 혈연, 지연과 개인적인 인연에 의한 투표성향이 강하며, 진보성향과 정당선택 투표성향의 유권자가 많고 결집력이 높아, 지지자 당선기여에 적극적이다.

2) 영남 출신은 선거에 관심이 있어도 적극적인 활동이나 표현을 잘 하지 않는다. 그러나 '우리가 남이가?'라는 잠재된 결집력이 있다.

3) 강원, 충북 출신은 부동표 성향이 많고, 주변 여론에 편승하는 경향이 다수이며 대체로 피동적이다.

4. 당선과 낙선 투표행위

1) 당선 투표 행위

특정후보를 당선시키기 위한 투표행위이며 일반적으로 유권자가 기표한 후보가 당선되길 바라고 투표하는 것을 당선 투표행위로 본다.

2) 낙선 투표 행위

어떤 후보가 당선되든지 상관없이 특정후보를 낙선시키기 위한 투표행위이며 그래서 다른 후보에게 투표하는 것을 낙선 투표행위로 본다.

Ⅳ. 유권자의 후보선택 기준

다음 검증내용이 당선시키기에는 작은 이유이지만 낙선시키기에는 마땅한 이유가 된다.

1. 정치적 조건은 갖추고 있는가?

- 지지정당의 후보자인가? (정당선택 투표유권자)
- 정치, 행정, 역량이 겸비되어 있는가?
- 현역일 때 국가나 지역발전 기여도는 있는가?
- 소신 없이 이당 저당 옮겨 다니는 정치철새는 아닌가?

2. 출마지역 연계조건은 있는가?

- 학연 : 우리 학교 출신인가?
- 지연 : 우리 지역 출신인가?
- 혈연 : 우리 집안사람인가?
- 인연 : 나를 알아주고 내가 잘 아는 호연관계인가?

3. 지도자의 자질이 있는가?

- 포용력, 지도력, 인내력을 참고한다.

4. 언행적 문제는 없는가?

- 정직, 신의, 준법(도덕성)을 참고한다.

5. 외형적 조건은 마음에 드는가?

- 건강, 외모, 말솜씨를 참고한다.

6. 사회 능력적 조건은 갖추고 있는가?

- 학력, 재력, 경력을 참고한다.

V. 지역별 유권자수 비교분석

총 유권자수 : 37,653,518명(100%) 중 권역별 유권자수(18대 대선)

- 수도권 : 18,279,694명(48.5%)
- 영남권 : 10,060,097명(26.7%)
- 호남권 : 3,957,220명(10.5%)
- 충청권 : 3,777,830명(10.1%)
- 강원도 : 1,164,655명(3.1%)
- 제주도 : 414,022명(1.1%)

(1) 수도권이 전체 유권자의 절반 정도(48.5%)이고

(2) 영남권이 전체 유권자의 반의 반 정도(26.7%)이며

(3) 호남, 충청, 강원, 제주의 유권자를 합한 수(24.8%)가 영남권의 유권자 수에 못 미침

Ⅵ. 지역별 정당지지도

지역별 정당지지도는 선거(대선, 총선, 지선) 때마다 선출직에 따라 변할 수 있고 중앙정치의 영향(바람, 이슈)에 따라 변할 수 있으므로 참고사항임을 고려하라.

1) 수도권

- 서울 : 강남, 강동 : 새누리당 강세
  강서, 강북 : 통합민주당 강세
- 인천 : 통합민주당 우세
- 경기 : 통합민주당 우세

2) 영남권 : 새누리당 초강세

3) 호남권 : 통합민주당 초강세

4) 충청권 : 통합민주당 우세

5) 강원도 : 새누리당 강세

6) 제주도 : 통합민주당 우세

첫 번째 선거 이야기

서울특별시 초대 민선교육감 보궐선거

2008년 7월 16일(토요일)에 후배 'P 박사'로부터 "서울시 교육감 보궐선거에 출마한 현직 교육감인 '비전교조 후보'를 돕고 있는데 선거상황이 안 좋다. 선배님이 반드시 필요하니 도와 달라."는 제안을 받아 "7월 30일이 선거일인데 이제 투입되어 선거지원을 한다는 것은 여러 가지 장애요인이 있어 현실적으로 어렵다."고 했다.

"장애요인이 무엇입니까?" 라는 말에,

"첫째, 선거전문가마다 선거스타일이 있는데 선거캠프의 기존 참모들 중에 당선된 후를 먼저 생각하는 자들이 있어 논공행상에서 순위에 밀릴까 두려워 순순히 협조해줄리가 없고,

둘째, 선거사무실의 공간이나 집기를 새로 장만해야 하는데 캠프내의 동의와 빠른 세팅이 쉽지 않을 테고,

셋째, 무엇보다도 당선된 후 보상이 확실히 제공되는 조건이라고 해도 믿을 수 있는 장치가 마련되어야 한다."고 했더니,

"50평 공간의 5층을 새로 제공키로 했고, 전화기 50대를 설치하고 컴퓨터 3대와 책상 10개를 일요일 오후까지 설치완료하기로 했으며, 선거대책위원장이 선배님과 같이 선거일을 해왔던 분이라 선거 전략을 시행하는데 문제가 없을 테고, 사후 보상도 확약을 받을 수 있겠다." 라고 하여 지원하기로 하였다.

월요일 동대문 선거사무실에 가보니 후배의 말대로 5층을 새로 임대하여 집기까지 배치완료해 놓은 상태였다.

5층이 전략기획본부이고, 6, 7, 8층 그리고 9층이 후보자와 선대위원장 실이며 10층까지 선거사무실로 사용한다니 '대선본부' 수준의 규모였다.

판세분석을 해보니 지금의 주먹구구식인 선거 전략으로는 승산이 없는 선거였다.

그래서 전략으로서

첫째, 현수막 내용부터 바꾸고 서울시내에 걸려 있는 현수막을 새로운 이슈 제기와 슬로건으로 모두 교체하여 걸었다.

둘째, 후보자의 거리유세에서도 유세내용, 말과 표정, 제스처 등을 교정하고 경쟁후보의 네거티브 작전의 대응방법을 교육하였다.

예컨대, 유언비어로 나도는 내용이 '비전교조 후보는 고령이라서 오줌을 질질 흘리고 다니고 순발력도 없고 기억력도 없다더라.'라는 내용을, 거리유세에서 후보자 스스로 "내가 오줌을 질질 흘리고 다닌다고? 순발력이 없다고? 기억력이 없다고? 웃기지 말라고 그래!" 라고 반박한다면 유권자들에게 빨리 전파시키는 효과가 날 수 있다는 것이었다.

셋째, 권역별(1. 강남, 2. 강동, 3. 강서, 4. 강북) 선거전선을 보수성향이 높은 지역별로 지정하여 유세계획을 다시 수립하도록 했다.

1. 선거 구도를 보면

1) 비전교조 4명 : 전교조 2명의 대립

– 비전교조 : 후보난립으로 표 분산 예상/고정표 부재

– 전교조 : 후보단일화 가능/고정표 4만 추산됨

2) 집권여당 : 야당의 대립

– 집권여당 : 현 정부의 실정으로 불리

– 야당 : 진보세력의 결집이 가능하므로 유리

3) 보수 : 진보의 대립

– 보수 : 당 조직 이외 특별히 지원할 수 있는 세력 미약

– 진보 : 자생단체들의 지원 가능(전교조, 민노총 등 조직화 세력)

2. 선거공약 평가에 따른 유권자의 지지율

1) 평준화 : 찬성 51.2%, 반대 8.0%

2) 교원 평가제 : 찬성 41.9%, 반대 10.3%

3) 자립형 사립고, 특목고 : 찬성 48.5%, 반대 8.5%

– 보수 : 찬성 47.2%

– 진보 : 반대 8.9%

– 위의 선거구도로 볼 때, 정책 및 공약 선거 실종

3. 교육감 선거의 유권자 인지도

– 현재 인지도 30~40% 정도이나 좀 더 높아질 전망

4. 예상투표율

– 역대 보궐선거 투표율 : 15~17%와 유사할 것으로 전망

– 투표율 상승 시 비전교조 후보 유리

– 투표율 16%이면 비전교조 후보의 당선 가능성 예상

5. 유권자 투표성향 분석

1) 성별 : 여성 투표율이 높을 것으로 전망(시간 여유와 교육열)

2) 직업별 : 공무원, 국영기업체 임직원, 자영업 순

3) 연령별 : 20~30대 10%, 40~50대 20%, 60대 이상 15%

6. 교육감 선거 예상투표율의 저조 이유

1) 유권자들이 교육감 선거와 이해관계가 없다고 생각하여 관심 저조

2) 투표일이 임시 공휴일이 아니므로 회사원, 자영업종사자 기권 가능

3) 하기휴가 절정기로 수도권 이탈 가능성

7. 선거운동 조직 내부 진단

1) 전문가 부재

2) 정예화 체계화 미흡, 유기적인 협조 운용 필요

3) 선거운동원의 교육부재와 업무분장이 되지 않아 사명감, 책임감 결여

4) 선거운동원의 활동비 지급 절실(선거법 준수)

5) 정당이나 당원이 개입할 수 없는 선거로 선거조직원 성향이 일관성이 없어 시스템 가동의 문제점 노출

8. 후보자 중점 홍보전략

– 자투리 임기(1년 10개월)로 마지막 봉사 기회부여 호소

9. 전교조 지지성향 단체 및 예상 득표량 분석

(전교조 지지성향 산출근거)

10. 투표율에 따른 후보자별 예상 득표량

11. 7·30 교육감 보궐선거 대책(결론)

12. 후보자 간 토론의 중요성과 대책 방안

등으로 기본전략을 수립하여 운동을 지원하였다.

2008년 7월 30일 선거결과, 투표율 15.48%에 499,254표(40.09%)를 득표하여, 2위보다 22,053표(1.78%) 차이로 신승하였다.

제5장 후보자 전략

Ⅰ. 후보자 출마여부 판단

출마여부 1차 판단 기준

선거에 출마하고자 하는 자는 다음의 '후보자의 출마배경 20유형 분석'을 보고 본인의 출마 유형은 어디에 해당되는가를 분석하여 출마여부를 1차 판단해 볼 수 있다.

1. 후보자의 출마배경 20유형 분석

1) 지역정서와 일치하는 정당의 공천 확정

특정지역을 기반으로 한 정당의 '공천은 당선'이라는 공식이 성립되는 것이 현실이다. 그러나 출마자의 경쟁력이 경쟁자와의 차이 정도에 따라 예외일 수도 있다.

2) 정당에서의 출마권유와 파격적인 지원 약속

정당에서의 파격적인 지원약속이 무엇인지 믿을 수 없지만, 정당의 공천조건 1순위가 당선 가능성이므로 정당의 출마권유로 보아 후보자의 경쟁력은 높은 편이며 당선 가능성도 높다. 다만 지역정서와 배치되고 열악한 조직의 군소정당의 공천은 예외이다.

3) 후보자로서의 개인적 경쟁력이 최상의 조건을 구비

후보자로서의 경쟁력을 100% 갖추고 있는 후보는 거의 없다. 높은 경쟁력은 정당에서 출마권유로 지명공천이 가능하고 특정 정당의 기반지역이 아닌 경우, 군소정당 후보나 무소속으로도 당선 가능성이 있다. 가능하면 선거전문가의 전략과 탄탄한 조직이 뒷받침이 되도록 해야 한다.

※ 후보자의 경쟁력은 유권자가 판단한다는 것을 유념해야 한다.

4) 화려한 경력과 평소 쌓아 놓은 인덕으로 주변의 출마 권유와 그리고 열화와 같은 유권자의 성원에 힘입어 출마

믿을 수 없는 것이 사람의 마음이라고 출마를 권유한 유권자도 막상 출마를 하면 강 건너 불구경 하듯 한다.

주민의 열화와 같은 성원은 아전인수로 판단한 것이 아닌지 냉정히 판단해야 한다.

5) 현역(직종 상관없이)으로 재임 중에 지역발전 기여에 지대한 공을 인정, 지역 숙원사업과 현안사업의 해결자로 적임자

다수의 유권자로부터 지대한 업적으로 인정받고 있고 그리고 지역 숙원사업이나 현안사업을 해결할 수 있는 적임자라면 당선은 꿰어 놓은 것이다.

유권자는 눈에 보이고 손에 잡히는 것이 있어야 '일을 잘하고 있구나' 정도로 인지할 뿐이며 현역이 당연히 해야 할 일을 한 것으로 평가절하 된다는 것이다.

그러나 작은 실정이나 개인적인 오점이 노출되면 급속도로 확대 재생산되어 전파되고 열 가지 치적이 있어도 한 가지 오점으로 공적을 다 까먹는다는 것을 유념해야 한다.

6) 문중 집성촌에서 토박이 친인척 숫자로 당선 확신, '가문의 영광'을 위한 문중의 적극지원 기대

후보자에게 별 하자가 없는 한, 작은 단위의 선출직에는 당선이 가능하다. 일면, '사촌이 땅을 사면 배가 아프다.'는 속담이 있다.

평소 문중관리에 지적사항이 없어야 하며, 문중이 결집할 수 있는 구실이 제공되어야 한다.

7) 지역토박이로 지역문제에 정통하며 문제해결이나 지역발전에 적임자로 자처

평소 개인적으로 지역문제 해결을 위해 동분서주 해온 노력과 지역발전에 대한 비전 제시로 유권자의 공감을 형성하고 있다 하더라도 선거구 내 유권자 다수가 선호하는 정당의 공천을 받거나 사회단체와 직능단체, 그리고 자생단체와의 이해관계로 인한 조력이 있어야 한다.

8) 단골출마 경험으로 선거실무와 이론으로 선거의 달인 인정

단골로 출마를 했으나 번번이 낙선했다면 낙선이유를 분명히 알고 그 문제가 완벽히 해결되었다면 당연히 출마해도 되며, 당선될 수도 있을

것이다.

여러 번 출마했다고 해도 후보자는 선거전문가가 되기 어려운 위치에 있었다는 것을 고려해야 한다. 또, 선거전문가 본인이 출마해도 이론과 실무를 발휘하기 어렵다.

9) 충분한 선거자금과 효율적 투자

출마자가 돈이 많은 후보자라는 소문이 나면 자진해서 선거운동을 해주겠다는 자칭 선거전문가들이 문전성시를 이룰 수는 있다.

'노느니 염불'이라고 돈 보고 모여드는 쭉정이들이 대다수이다. 또한 무리 없이 넉넉한 비용을 타내기 위하여 활동결과에 대한 무용담을 펼치고 거짓정보를 제공하여 선거 전략에 혼선을 빚기도 한다.

선거자금의 효율적 투자는 실정법의 문제를 떠나 조직의 정예화와 체계화가 잘 되어 있지 않으면 불법 선거자금 살포로 선거법 위반을 야기할 수도 있고 자금의 누수가 심하다.

10) 빈번한 낙선에 대한 오기와 동정표 결집 기대

후보자의 출마이유가 명예회복이라든가 오기나 객기, 또는 만용이라는 것이 노출되면 낙선은 확실하다고 봐야 한다.

동정표 결집은 후보자가 유권자의 심금을 울릴 수 있는 내용이 실제 존재할 때와 정치에 환멸을 느낀 부동표성향 유권자의 오기나 반발표가 맞아 떨어져야 한다.

11) 유능한 선거전문가 영입 당선 장담

학교에 선거전문 과목도 없고 선거만을 지도하는 학원의 강사도 없으며 선거전문가에 대한 자격을 심사해서 자격증이나 면허증을 주는 곳도 없다.

선출직에 상관없이 한두 번 선거참모나 선거운동종사원으로 일한 경험이 있으면 자칭 선거전문가가 되는 것이 우리나라 실정이다.

확실한 선거전문가 확보라면 후보자가 당선을 장담할 수도 있고, 당선될 수도 있다.

12) 고령으로 마지막 기회이며 남은 여생 지역봉사 결심

유권자가 출마자의 문제로 보는 것 중 첫 번째가 건강과 고령이다. 건강하지 못하면 앞날을 기약할 수 없고 고령이면 건강할 수 없다는 고정관념 때문에 외면당한다. 그렇더라도 경쟁력이 타 출마후보보다 높다면 당선될 수도 있다.

13) 차기선거를 위한 교두보 확보

차기선거 출마를 위한, 인지도 제고의 방법으로 성공할 수는 있다.

그러나 낙선을 먼저 생각하고 출마할 경우 선거비용을 최대한 아낄 테고 실현가능성 없는 공약을 남발할 수도 있다.

다음 선거를 위한 출마였다는 것을 유권자가 눈치 채게 되면 다음 선거에도 또 다음 선거를 위해 출마해야 하는 경우도 생긴다.

※ 인지도가 높아진다고 지지도가 높아지는 것은 아니다.

14) 예상 득표량 계산 당선권 진입 확실

학연, 혈연, 지연, 각종 사회단체 관련회원, 특정 자생단체 동지회원, 관련종교 단체교인들이 '나 말고는 찍을 사람이 없다더라.'는 아전인수식 계산으로 예상 득표량이 당선 가능한 숫자일 때, 이로 인한 영향으로 당

선이 확실히 될 수 있다면, 가장 이상적인 출마후보이며 정당공천 안 받고 무소속 후보로 출마해도 당선이 될 수도 있다.

그러나 '한 길 사람의 마음이란 알 수 없는 것', 막상 선거전이 시작되면 '공짜는 없다.'는 걸 알게 되고 그렇게 좋은 분위기라고 생각했는데 개표 결과를 보면 "아! 믿을 놈 없구나." 하고 한탄하게 되고 배신감에 분노하여 두문불출 병상에 누워 패가망신할 수도 있다.

15) 특정후보와 개인적 감정이 있어 출마결심

출마변이 "특정후보의 당선은 눈 뜨고 못 본다. 너 죽고 나 살자. 패가망신을 하더라도 중도사퇴는 없다."이다.

내가 당선되면 더 좋고 동반낙선하면 목표달성이라는 복안을 깔고 출마한다면 성공확률이 높다.

출마 변에 대해 유권자의 공감을 얻지 못하고 출마할 수 있는 기반 구축도 안 되어 있으며 선거비용 지출에도 한계가 있다면 본인의 낙선과 패가망신은 확실하다.

또한 결사항쟁의 각오로 맞서는 적을 둔 특정후보도 낙선 가능성이 높다. 다만, 또 다른 후보가 특정후보의 표 분산을 목표로 출마비용을 지원하여 사주한 출마자라는 것이 노출되어 또 다른 후보의 전략이라는 것이 알려지면 사주한 출마자와 사주에 의한 출마자가 동반낙선 가능성도 높다.

16) 권력 승계를 위한 출마

직계인 조부나 부모가 지역유권자 다수의 존경을 받을만한 업적이 있어 좋은 평가를 받거나 공천한 정당의 지역지지도가 높으면 당선 가능성이 높으나 '대를 이어 해 처먹으려고 한다.'는 분위기가 확산되면 낙선 가능성도 높다.

17) 낙선되더라도 지역유지로서의 대우와 '밑져야 본전'이니까

정당공천 후보자의 경우 낙선되더라도 다음 선거에 당선 가능성에 비중을 두고 지역유지 대열에 낄 수 있겠지만 껍데기만 유지로 대우받는 경우도 생각해봐야 하며 물심양면으로 지원을 아끼지 않은 친·인척과 친지 등 자원봉사자, 운동원들의 불이익도 출마자의 몫이란 점을 계산해 보면 후보자가 진, 빚 덩어리이다.

※ 선거에서 밑져야 본전은 없다.

18) 보궐선거에서 당선되어 재선 도전

재·보궐선거에서 당선되어 오류 없이 재선 도전을 할 경우 "일할 시간이 부족했다. 한 번 더 밀어줘 보자."하는 유권자의 심리가 작용하여 당선 가능성이 높다.

재·보궐선거의 특성이 투표율이 낮아 당선자 대표성에 대한 문제가 있다고 보거나 후보자의 능력평가보다는 공천 정당의 정치적 분위기의 산물인 경우가 많아 후보자 본인의 고정표 확보가 제고되어 있어야 한다.

무소속에서 당선된 경우의 재도전 시에는 심사숙고하여 정당공천을 받는 것이 대체로 유리하다.

19) 현역에 있던 배우자의 억울한(정치보복, 희생양) 옥살이로 면직된 자리의 보궐선거에 배우자가 명예회복 차원의 출마

과거 정치보복이나 어떤 사건의 희생양이 되어 억울하게 투옥되고 면

직되면 보궐선거에 배우자가 출마하여 당선된 경우가 종종 있었다.

정치보복이나 희생양이 확실하다고 지역유권자 다수가 믿게 되었을 때, 무시당한 유권자의 자존심 회복 차원에서 반발표와 동정표가 결집되어 당선될 수도 있다.

20) 대통령의 최측근이며 권력중심의 실세로 인정받고 있으니까

권력실세가 지역구로 당선되어 지역발전에 기여 가능성이 확실하다 판단되면 선거구역 유권자가 당선시킬 가능성이 높다.

2. 유능한 선거전문가 판단 기준

1) 첫째, 여론조사방법과 조사내용을 분석할 줄 알아야 하며,

2) 둘째, 선거 지역과 구도에 따라 판세분석을 하여 90% 이상 당, 낙에 대한 예측을 할 수 있어야 하며,

3) 셋째, 선거 컨설턴트 경력으로 보아 당선 가능성이 최소한 80%의 확률은 되어야 한다.

확실한 선거전문가라면 당선을 장담할 수도 있고 당선될 수도 있다.

유능한 선거전문가는 자신이 선거전문가로서의 신뢰도가 하락하기 때문에 당선 가능성이 없는 선거에는 개입하지 않는다.

※ 선거에서 떨어졌을 때 책임질 사람은 후보자 외에 아무도 없다.

Ⅱ. 후보자 경쟁력 판단 기준

1. 외형적 조건

1) 건강

일반인보다는 몇 배의 활동이 요구되는 관계로 신체적인 건강은 필수 조건이다.

유권자의 평가 기준에 따라 차이는 있지만 후보자의 나이도 건강과 관련되므로 고령은 불리하다.

2) 외모

수려한 외모와 정직하고 착한 듯이 보이는 외형적인 모습은 유권자에게 호감을 주게 되며 여성의 아름다운 미모나 남자다운 풍체는 유권자인 이성에게도 호감을 주어 특별히 후보자 선택 기준이 없는 부동표 성향의 유권자에게는 후보자 선택 이유로 작용할 수 있다.

3) 말(스피치)

듣기 좋은 음색과 해박한 지식을 바탕으로 논리 정연한 말솜씨는 정치인으로서 첫 번째로 좋은 조건을 갖춘 셈이다.

말을 잘하려면 아는 것이 많아야 하고 아는 것이 많으려면 세상만사 모든 분야를 열심히 공부해야 한다. 특히 후보자간 TV 토론에서 횡설수설거리며 유권자를 실망시켜 지지도가 뚝 떨어지며 낙선의 고배를 마시는 경우가 많다.

2. 사회 능력적 조건

1) 학력(지적 수준)

정상적인 최고의 학력이라면 더 바랄 것이 없겠으나 유권자는 최고의 학력만을 요구하는 것은 아니다.

정상적인 과정을 거치지 않은 학력은 악재로 작용할 수도 있으며 유사 학력과 위조된 학력은 선거법 위반에도 해당된다.

저학력으로 고민하는 후보가 더러 있지만 유권자 개개인의 판단 기준에 따라 학력은 적당히 양해가 될 수도 있다.

2) 재력(경제적 능력)

상당한 재력을 보유하였더라도 평소 국가나 지역발전에 기여한 바가 없었고, 어려운 주변의 입장을 외면하였다면 유권자의 외면을 받을 수도 있고 또한 재산형성 과정이 부도덕하였거나 부정이나 불법(뇌물 수수, 부동산 투기, 고리대금업 등)을 동원하였다면 악재로 작용할 수 있다.

3) 경력(사회적 경험)

선출직종에 따라 필요한 경험이 지정된 것이 아니므로 행정, 정치, 경영 등 전문가로 인정받을 수 있는 경력은 유권자가 후보를 선택하는 기준이 될 수 있다.

3. 잠재된 조건

1) **포용력** : 관용과 아량, 또는 덕망이 있어야 한다.

2) 지도력 : 용인술, 리더십

3) 국가관 : 정치적 소신과 국가 및 지역발전에 대한 소신과 의지

4) 인내력 : 참을성(외유내강)

4. 언행적 조건

1) 정직 : 언행상부 위지정인(言行相符 謂之正人)이면 바른 사람이라고 인정받을 수 있다. 말과 행동이 같아야 한다.

2) 준법 : 기초생활 질서부터 솔선수범으로 법을 준수하고 불법과는 타협하지 않아야 한다.

5. 출마지역 연계 조건

1) 지연(지역연고)
출마지역 내에서 출생하여 성장하고, 단위지역별로 가장 많은 상주인구가 있는 지역의 출신자가 유리하다. 그러나 초등학교 재학 중 선거구역외 지역으로 전출했거나, 장성 후 오랫동안 출향해 있다가 갑자기 선거 때에 출마를 위해 출연한 경우는 일반적으로 그 지역 출신으로 인정받기 어렵다.

2) 혈연(씨족 연고)

잘 관리된 친·인척과 동성동본 정도는 고정표화가 가능하며 믿을 수 있는 운동원으로 활용할 수 있다.

다만 친·인척과 동성동본인 후보자의 측근들 개개인이 받아야 하는 지역여론 평가에 따라 후보자에게 득과 실이 있을 수 있으며 평소 관리의 정도에 따라 치명타를 입히는 적군이 될 수도 있다는 것을 유념해야 할 것이다.

3) 학연(초, 중, 고, 대학 연고)

출마지역의 초, 중, 고교를 연결하는 졸업자로 지역 내 동문들의 사회적 위치와 활동 범위에 따라 지원받을 수 있는 정도의 차이는 있지만 확실한 우군으로 볼 수 있다.

같은 조건을 갖춘 동문이 다수 출마했을 때는 학연의 응집력 기대]가 어렵다.

4) 인지도

유권자의 70% 이상이 후보자의 신상에 대해 정확히 모르고 투표를 한다. 따라서 실물이나 사진을 본적이 없으면 모르는 후보가 되며 이왕이면 얼굴이라도 보거나 손이라도 잡아본 후보를 선택하게 되어 있다.

많은 악재와 더불어 인지가 되어 있다면 지지도는 반비례하는 것이다.

5) 지지도

대체로 인지도가 높으면 지지도가 높다.

참고로 많은 악재와 더불어 인지가 되어 있는 후보자라면 지지도는 반

비례하는 것이므로 호재만을 갖추고 인지도를 높이는 후보자 홍보 전략이 필요한 것이다.

6) 지역발전 기여도

평소 지역발전을 위하여 물심양면으로 투자하였는가?

얼마나 유권자가 알고 있으며 긍정적으로 평가받고 있는가?

숨은 일꾼, 숨은 선행은 기여도가 없는 것이나 같다.

후보자 자신이 공을 내세우면 공치사로 인정되어 효력이 반감되지만 측근이나 수혜자 쪽에서 홍보를 해주면 노력의 정도와 공을 인정받을 수 있다.

7) 개인적 인연

평소 인간적으로 맺어 놓은(직장동료, 교우, 사회단체의 회원 등) 좋은 인연은 신의를 바탕으로 한 지지자이며 조건 없이 유무형으로 선거운동에서 도움을 받을 수 있는 확실한 우군이지만 후보의 결점과 약점도 잘 알고 있는 유권자라고 볼 때 적의 입장이 되면 치명타를 입힐 수 있는 유권자의 한 사람이라는 것을 유념해야 한다.

6. 정당선택 배경의 조건

위의 다섯 가지 내용은 개인적인 노력으로 평가를 받을 수 있는 내용들이었고 정당공천은 정당의 정치적 배경을 바탕으로 득표할 수 있는 조건이다.

1) 공천 받은 정당이 지역 유권자 정서에 부합하는가?

특정지역(정당이 뿌리를 내린 지역)을 제외하고는 일반적으로 선거 때마다 대, 소의 차이는 있지만 정당지지도가 변화하는 것이 현실이다.

기존정당은 지명도가 낮고, 선거 때마다 우후죽순처럼 생기는 군소정당은 인지도와 함께 지명도도 낮고, 조직이 열악하며 지역정서에 배치되는 정당은 유권자의 외면으로 당선 가능성이 낮다.

2) 정당조직의 정예화와 체계화가 되어 있는가?

정당조직이 정예화와 체계화가 되어 있지 않은 경우 그 당원수와 상관없이 후보자를 지원하는 당원의 선거운동이 효율적으로 되지 않으며 짧은 선거운동 기간에 유권자의 표심을 얻기 어렵다.

3) 당의 지원내용은 무엇이냐?

당의 공천 자체가 선거운동의 튼튼한 배경이기는 하지만 인적, 물적 지원을 확실히 챙겨야 한다.

특히 재·보궐선거는 당 대 당의 대결구도로 가는 경향이 많기 때문에 당의 총력전이 필요하다.

4) 정치 전문성

유권자의 다수가 정치전문가만을 고집하지 않고, 평가하려 하는 유권자도 소수이다. 그러나 정치력은 물론이고 행정력 경영능력에 대한 좋은 평가를 받을 수 있는 조건을 갖추어야 한다.

5) 선수(選數) 비교

초선과 재선을 위한 출마를 했을 때는 장점과 치적을 부각하여 이미지 홍보가 가능하고 "한 번만 더 기회를 주어 마무리 할 수 있도록 해 달라."고 호소가 가능하지만 3선, 4선으로 갈수록 재임 중 업적을 평가받아야 하며 주변의 참모들과 직계, 방계, 인척 친지의 나쁜 행실까지도 후보자와 연관지어 평가받아야 하므로 평소 관리에 신경을 써야 한다.

※ 명분 없이 당을 옮겨 다닌 경력은 정치철새로 낙인 찍혀 외면 받는다.

7. 선거비용의 조건

1) 법정 선거비용의 한도액

최소의 필요한 비용을 산출하여 법정 선거비용 한도액을 정한 것으로 선거비용이 초과지출된 것이 노출되면 선거법 위반으로 당선 무효가 될 수도 있다.

선거비용으로 인정받지는 못하지만 선거법 위반이 아닌 비용도 있음을 확실히 살펴보고 선거에 필요한 총비용을 산출하여 선거 전에 미리 확보해 두어야 한다.

선거비용이 부족하여 선거업무에 차질을 빚거나 선거비용 염출을 위해 동분서주하다 보면 선거운동에 전념할 수 없다.

2) 선거비용에 대한 후유증

당, 낙에 상관없이 선거비용 지출로 인한 후유증이 심각한 지경에 처할 수밖에 없다면 출마포기가 최선이며, 차선은 당선되거나 투표율 15%를 득표하여 법정 선거비용이라도 보전받는 것이다. 그러나 대체로 이런 경우, 10% 이하 득표 후보가 많다.

8. 선거비용 제한액의 산정방법

선거비용 제한액은 선출직별로 다음에 의하여 산정되는 금액으로 하며 이 경우 100만 원 미만의 단수는 100만 원으로 한다.

1) 대통령선거 : 인구수 × 950원

2) 지역구 국회의원 선거 : 1억 원 + (인원수 × 200원) + (읍, 면, 동 수 × 200만 원)

3) 비례대표 국회의원 선거 : 인원수 × 90원

4) 지역구 시, 도의원 선거 : 4천만 원 + (인구수 × 100원)

5) 비례대표 시, 도의원 및 교육의원 선거 : 4천만 원 + (인구수 × 50원)

6) 특별시, 광역시장 선거 : 4억 원(인구수 200만 미만일 때에는 2억 원) + (인구수 × 300원)

7) 도지사 및 교육감 선거 : 8억 원(인구수 100만 미만일 때에는 3억 원) + (인구수 × 250원)

8) 지역구 구, 시, 군의원 선거 : 3천 5백만 원 + (인구수 × 100원)

9) 비례대표 구, 시, 군의원 선거 : 3천 500만 원 + (인구수 × 50원)

III. 국민 4대 의무 이행조건

1. 교육의 의무

모든 국민은 교육을 받을 의무가 있다.

후보자의 높은 교육수준과 좋은 점수의 교육의무를 이행했다면 유권자의 좋은 평을 받을 수 있을 것이다.

두 명의 대통령이 상고출신이라는 것은 학력보다는 정치경력을 더 인정받은 것으로 볼 수 있다.

2. 국방의 의무

자식을 군에 보냈거나 보내야 하는 부모들과 군복무 중이거나 군 전역을 하였거나 앞으로 국방의무를 수행해야 할 남성들의 숫자를 유권자로 계산하면 미혼의 여성을 제외하고 모두 국방의 의무에 높은 관심을 갖고 있을 수밖에 없다.

후보자나 후보자의 직계가족 중에 군 미필을 위해 부정한 방법을 동원하였거나 유권자가 납득할만한 내용이 아닌 이유로 군을 미필한 것이 상대후보의 흑색선전이나 언론에 보도되어 노출됐을 때, 유권자를 설득할 수 있는 내용을 제시하여 홍보를 한다 해도 유권자의 믿음을 얻기는 힘들어진 후다.

'선거 중에는 후보자에 대해 잘못된 정보라고 하더라도 유권자의 인식이 사실보다 더 중요하다.'는 것을 알아야 한다.

실례로, 15대 대선에서 아들 두 명의 군 미필 문제로 낙선한 신한국당 이회창 후보를 보면 후보자 본인은 장교로 군 전역을 했으니 문제가 없고 두 자식은 신체적 결함으로 군에 못 갔다고 굳게 믿고 '사실이 그러하니 부끄러울 것도 없고 유권자에게 사과할 이유가 없다.'라고 고집을 부리다가 유권자의 외면으로 낙선의 고배를 마셔야 했다.

나중에 해명이 된듯하여 다시 16대 대선에 출마했지만, 두 아들의 군 미필의 내용 문제로 선거기간 내내 시달림을 받아야 했다.

유권자의 입장에서 '정황으로 보아 사회지도층의 높은 직책을 이용하여 아들 둘 다 군 면제를 시켰을 것이다.' 라고 판단할 수 있다는 것이며, 따라서 다른 후보도 마음에 들지 않지만 두 아들을 군에 안 보낸 이회창 후보를 낙선시키기 위한 투표를 하게 된다는 것을 간과하여 끝내 낙선한 이유를 모든 후보자는 교훈으로 삼아야 한다.

나중에 무혐의 판정을 받았지만 이미 버스 지나간 뒤다.

3. 납세의 의무

돈이 없어서 세금을 미납했으면 후보등록 전에 완납해야 하며 고의로 탈세를 한 것이 사실로 증명된다면 후보로 나설 자격이 없는 것이다.

4. 근로의 의무

유권자의 판단으로 '부모 잘 만나 지금까지 직업 없이 호의호식하며 잘 지내고 있었다.' 라는 결론이 내려지면 실업자 구제차원으로 표 찍어 줄 이유는 없다고 생각한다.

무슨 일이든 열심히 일하는 후보로 평가받아야 한다.

Ⅳ. 후보자 성찰 5개항 점검

1. 건강 문제

외형적 조건에서 첫째가 건강이라고 했듯이 건강에 문제가 심각하다고 알려지면 당선되기 어렵다.

나이가 많은 것도 신체적으로 또는 정신적으로 건강에 문제가 있을 것이라는 유권자의 생각 때문에 고령도 불리하다.

2. 재산 문제

재산 형성과정에서 부도덕하거나 부정한 방법으로 축적하지는 않았는지와 감추어 둔 재산은 없는지에 대해 투명해야 하며, 상습적으로 탈세를 시도하거나 미납한 세금은 없는지를 성찰해 봐야 한다.

3. 이성 문제

조강지처와 이혼한 이유가 적절하였는지? 부적절한 이성관계는 없었는지에 대해 이유야 어떻든 초혼인 조강지처와 이혼했다면 후보자로서 여성유권자의 외면을 받을 수 있고 복잡한 이성 문제에 연류되어 언론에 기사화되었다면 치명타를 입을 내용이 될 수 있다.

4. 학력 및 경력 문제

위조 및 변조된 내용은 선거법 위반이 되고 당선되더라도 당선 무효 사유가 된다.

5. 수신제가의 문제

자신의 심신은 잘 닦았는지? 집안 관리에 부끄러운 점이 있거나 사회적 문제가 된 부분이 있다면 유권자 입장에서 평가해 봐야 한다.

상기 5개항의 내용은 음해성 유언비어나 흑색선전의 소재로 이용되는 기본 자료이므로 해당되는 내용이 있을 때 충분히 검토하여 경쟁자의 공격을 받기 전에 유권자에게 먼저 해명하고 사과하여 문제를 최소화시켜야 한다.

Ⅴ. 후보자 당선 필요 기본조건

1. 얻어야 하는 것

1) 정당의 공천

선거구 내 유권자의 선호도가 높은 경쟁력 있는 정당의 공천은 필수조건이다.

※ 똥개도 제집 앞에서는 50점 따고 들어간다.

2) 유권자의 마음

후보자 중 가장 적임자임을 보여주어야 유권자의 믿음과 마음을 얻을 수 있다.

2. 갖고 있어야 하는 것(최고의 경쟁력)

1) 외형적 조건

건강한 모습과 수려한 외모로 논리 정연한 말솜씨

2) 사회 능력적 조건

- 학력 : 지적 수준
- 경력 : 사회적 경험
- 재력 : 경제적 능력

3) 잠재된 조건

- 포용력 : 아량과 관용
- 지도력 : 용인술
- 국가관 : 정치적 소신
- 인내력 : 참을성

4) 언행의 조건

- 정직 : 말과 행동이 같아야 믿을 수 있다.
- 애향심 : 말과 행동으로 증명해야 한다.
- 준법정신 : 기초 생활 질서로부터
- 신의 : 말에 대한 책임지는 자세

5) 출마지역 연계조건

- 지연 : 고향, 출신지역

- 혈연 : 선거구 내 다수의 친인척
- 학연 : 선거구 내 초, 중, 고, 대학교 동문들
- 지역발전 기여도 : 비전 제시. 지역경제 활성화에 기여, 봉사의 생활화
- 개인적 인연 : 폭넓은 대인관계

6) 정치적 조건

정치 전문성(정치인으로서의 이미지)

7) 선거비용

법적 선거비용 확보(선거운동 시작 전에 선거비용 준비완료)

3. 만들어야 하는 것(조직의 정예화와 체계화)

1) 조직의 정예화

교육을 통하여 조직이 정예화되어야 맡은바 역할을 유감없이 발휘하고 일당백의 능력을 갖출 수 있다.

2) 조직의 체계화

역할분담을 분명히 해야 조직 간의 유기적 협조가 가능하고 중복이나 누수되는 업무를 방지할 수 있다.

4. 주어야 하는 것

선출 직종에 대한 업무능력과 지역발전 기여에 대한 정책구상을 유권자에게 제시하여 미래에 대한 희망을 주어야 한다.

5. 나누어야 하는 것

유권자와 동질감 그리고 공감대를 형성하여 마음을 나눔으로써 이질감을 없애고 눈높이를 맞추어야 한다,

6. 버려야 하는 것

1) 당선에 대한 확신

필승의 신념을 가져야 하지만 당선에 대한 확신은 교만해질 수 있고 선거운동 종사자들이 태만의 원인이 될 수 있다.

2) 낙관적인 사고

'잘 되겠지, 잘 될 거야' 하는 낙관적인 사고는 치밀한 전략분석에 의한 선거운동이 아니므로 위험하다.

7. 알아야 하는 것

1) 상대후보의 정보

'지피지기(知彼知己) 백전불퇴(百戰不退)'라 했으니 경쟁자에 대한 정보 부재는 필패(必敗)라는 의미이다.

2) 역지사지(易地思之)에 대한 정보

대체로 경쟁자에 대한 정보를 많이 알고 있다 해도 자신에 대한 아전인수(我田引水)식 판단으로 냉정한 분석을 못하는 후보자가 많다.

※ 적은 알지만 자신을 모른다.

VI. 출마 결심 전 점검사항

1. 나 자신에 대해 생각해 봐야 한다.

(1) 내가 꼭 이 일을 해야 할 명분이 있는지,

(2) 업무집행 능력은 충분한지,

(3) 유권자의 기대에 부응할 구상은 되어 있는지,

(4) 오만이나 만용 또는 사욕은 아닌지를 생각해 봐야 한다.

2. 출마할 타 예상 후보와의 경쟁력 평가를 해봐야 한다.

후보자의 경쟁력 판단기준 표를 대비해보면 내가 어느 위치 정도인지 알 수 있다. 턱 없이 부족한 경쟁력에도 불구하고 주변의 권유나 자신의 오기와 만용, 또는 이유 없는 객기로 출마를 강행했다가 낙선하여 패가망신하는 경우를 자초하지 않아야 한다.

3. 지역정서에 맞는 정당의 공천은 가능한지를 계산해 봐야 한다.

공천받고자 하는 입장에서 정당의 공천 종류 중 내가 출마하고자 하는 지역은 어떤 종류의 공천을 하는 지역인지 알아야 하고 또 내가 공천받을 수 있는지 가, 부를 판단해 봐야 한다.

4. 선거비용 소요계산과 조달방법은 문제가 없는지를 따져 봐야 한다.

선거비용에 포함되지 않는 비용을 같이 계산해서 선거비용을 미리 확보해 두어야 하며 선거비용 지출 후 가정경제에 문제가 없는지, 패가망신을 하는 것은 아닌지를 심각하게 분석하여 따져 봐야 한다.

5. 선거전문가 영입과 참모진 구성은 가능한지를 구상해 봐야 한다.

후보자가 선거경험이 있다 하더라도 후보자가 선거를 총지휘할 수는 없다. 후보자는 후보자가 해야 할 일만 해도 시간이 없을 정도이다.

선거전문가에 대한 특허나 면허가 없어 선거전문가를 구분하기 어려우나 판세분석을 할 줄 아는 수준은 되어야 하며 진짜 선거전문가라면, 당선 가능성 없는 후보의 선거에는 개입하지 않는다.

6. 선거운동 사무원에 대해 점검해 봐야 한다.

(1) 선거운동 사무원들이 필승의 신념을 갖고 사명감과 책임감을 다해 선거에 임하겠다는 각오는 되어 있는지,
(2) 맡은바 역할을 수행할 수 있는 능력(정예화)을 갖추고 있는지,
(3) 선거조직의 역할분담은 잘 되어 있는지,
(4) 유기적인 협조로 중복되거나 누수될 업무는 없는지를 점검해 봐야 한다.

7. 출마여부 판단

(1) 첫째, 출마자의 출마배경 유형 분석
(2) 둘째, 후보자의 경쟁력 판단
(3) 셋째, 후보자 성찰 5개항
(4) 넷째, 출마결심 전 점검사항

예상되는 경쟁자들은 어떤 배경을 가지고 출마하려 하는지를 상기 네

가지 사항을 비교 분석하여 꼼꼼히 따져 보고 후보자 중 최상의 조건을 갖추었다고 판단이 되면 출마해도 된다.

Ⅶ. 후보자의 건강관리

1. 후보자의 건강은 유권자의 첫 번째 요구이다.

후보자의 건강은 선거에서 강력한 무기이다.

수십 번 강조해도 지나침이 없는 것이 선거를 앞둔 후보자의 건강관리일 것이다. 싸움을 시작하기도 전에 감기 몸살을 알거나 신체적 이상이 발견되거나 노출되어 병원과 약국을 왕래하는 등 건강 문제로 후보등록 자체를 망설여야 하거나 부실한 건강 문제 때문에 선거 전략에 차질을 빚는 일이 있어서는 안 된다.

"그것은 남의 이야기일뿐"이라고 장담할 수 없는 것이 건강 문제이다.

출마를 결심한 후에는 제일 먼저 건강진단을 받아 건강상태를 점검해야 하며 이상이 발견 시에 확실한 조치를 하여 최상의 건강조건을 유지하기 위해 부단한 노력을 경주해야 할 것이다.

후보자의 불량한 건강상태가 알려지면 조직 전체의 사기에 지대한 영향을 미쳐 선거운동의 위축은 물론 상대후보의 공격으로 선거에서 패배할 확률이 높다.

반짝이는 눈, 싱싱한 목소리, 힘찬 악수, 씩씩한 걸음걸이가 건강 없이는 불가능한 것이다.

2. 건강관리 지침

(1) 규칙적인 식생활과 과식과 편식 금지로 충분한 영양섭취를 한다.

(2) 수면은 에너지 충전시간이다. 최소 6~7시간은 취침하도록 하고 '내일을 미리 걱정하지 마라.' (스트레스는 건강의 최대 적이다.)

(3) 평소 운동은 무리하지 않게 규칙적으로 한다.
(산행, 조깅, 맨손체조 등 연령과 체력에 맞게 선택)

(4) 술과 담배를 절제하고 치료를 위한 약이나 건강에 좋다고 보약을 남용 또는 오용하지 않도록 한다.

(5) 목을 많이 사용해야 하므로 의사나 약사와 상의하여 상비약(목캔디, 살구씨 기름, 홀스 등)을 항상 휴대하여 목 관리에 유의한다.

(6) 선거비용, 조직관리, 전략개발 등의 업무는 참모에게 일임하여 걱정꺼리를 없애고 마음을 항상 여유 있게 그리고 편하게 갖도록 한다. 재차 강조하지만 후보자의 양호한 건강은 필승의 지름길이다.

Ⅷ. 후보자의 배우자 역할(배우자가 여성인 경우)

후보자의 배우자의 활동은 후보자 활동의 보조 또는 보완하는 역할로서 선거법과 후보자의 출마의 변을 숙지하고 선거사무장이나 참모장과 후보자의 일정을 참고하여 별도 일정을 수립하여 활동한다.

1. 활동상 참고사항

(1) 검소한 복장(화려한 양장이나 한복 착용은 기피할 것)

(2) 고급 승용차 이용 자제(저소득층과의 이질감 형성으로 반감 고조)

(3) 상류층 여성들과 무리지어 다니는 것은 금할 것(여성유권자의 입방아에 오른다)

(4) 분위기를 유도하는 역량을 보이면 좋으나 너무 앞서서 나서지 말아야 한다(한국적 여성상 참조).

(5) "기호0번 OOO 후보 부인입니다. 열심히 일하겠습니다. 부탁합니다."라는 간단한 부탁인사 정도와 꼭 필요한 질문에 답하는 것 외에 아는 척, 잘난 척을 말고, 말을 아껴야 한다.

(6) 정치, 경제, 사회, 문제에 대한 대화는 자제하고 지역현안이나 물가고, 민생치안, 여성 및 교육 문제, 등은 사전 예비지식을 숙지하여야 하며 대다수가 공감하는 내용으로 정립하여 동조하거나 상대의 감정에 호응하는 자세로 대처해야 한다.

(7) 후보자의 건강을 항상 점검하고 건강에 이상이 생기지 않도록 후보자의 건강관리에 최선을 다한다.

2. 활동 방법과 범위

(1) 여성부장, 총무, 자녀 중에서 수행토록 한다.

(2) 후보자 불참모임과 여성대상의 모임 등에 참석한다.

(3) 노인정, 영세민 밀집지역, 상설시장, 5일장 등 후보자가 직접 챙기지 못하는 곳과 여성으로서 활동하기 유리한 곳을 점검하여 활동한다.

(4) 선거사무원들을 개별 접촉하여 격려하거나 감사의 표시를 하여 사기를 앙양시킨다.

(5) 친·인척에 선거지원 협조요청을 하여 활동을 독려하고 활동내역을 확인 점검하여 효율을 극대화시키도록 하고 자주 감사의 표현을 한다.

(6) 항상 서민적인 모습으로 대인관계에 호평을 받을 수 있도록 계획적이고 준비된 언행을 한다.

※ 배우자가 남성인 경우에는 상기 내용 참조하여 배우자 역할을 수립할 것

Ⅸ. 후보자 준비사항

1. 철저한 준비로 최선을 다한다. 그래도 실수를 한다.

(1) 최소 6개월 전부터는 사전준비기간(예비후보 등록 전까지)을 두어 지역의 모든 정보를 입수하여 분석한 후 개인정보로 정리한다. (지역의 현안 또는 숙원사업, 지역 통계연보, 선거구 내 인구분포, 지도, 최근 유권자 투표현황 등)

(2) 선거조직 구성은 일단 예비후보 등록을 하기 전에 첫 번째로 철저히 준비해야할 내용이다. 때를 놓치면 마땅한 사람이 없다. 후보자 혼자 선거를 치룰 수는 없기 때문이다.

※ 조직은 하루아침에 만들어지지 않는다.

(3) 모든 상황에 대처할 수 있는 준비를 하고 선거일정표를 작성하여 차질 없는 선거가 되도록 한다.

2. 왜 출마하는지 간단명료하게 준비한다.

(1) 출마결심에 대한 동기와 설득력 있는 출마변이 있어야 한다.
(2) 국가관, 정치적 소신, 지역 문제에 대해 확실히 숙지하고 유권자가 공감하고 동의할 수 있는 대책을 수립하여 제시해야 한다.
(3) 특히 중요한 것은 지역발전을 위해 이러한 것들을 현실화시킬 수 있다는 자신감이 있어야 하고 유권자의 동의를 받으면 필승의 신념을 가질 수 있는 동기여야 한다.

3. 경쟁후보와의 비교 분석으로 경쟁력에 대한 판단을 분명히 해야 한다.

(1) 자신의 강점과 약점을 객관적인 시각으로 판단하여야 한다. 그래야 적의 공격을 사전에 방어할 수 있도록 준비할 수 있다.
(2) 후보자 간의 경쟁력을 비교해 봐야 한다.
자신에 대해 과대평가하고 경쟁후보에 대해 과소평가하는 오류를 범하지 않아야 한다.
(3) 경쟁력 평가에서 후보 중에 최소한 2위의 경쟁력은 되어야 선거전략을 통해 당선 가능성이 있다. 한 명 뽑는 선거에서 3위 또는 4위는 '천우신조(天佑神助)'가 없는 한 당선 가능성이 희박하다는 것을 알아야 한다.

4. 국민의 공복이 되겠다는 생각을 항상 염두에 두고 말하고 행동해야 한다.

(1) 말로는 "국가와 국민을 위하여 열심히 일하겠습니다."라고 하지만 '평소 국민을 위한 머슴의 자세가 아니다.'라고 평가되면 결코 당선되지 못한다.

(2) 항상 준비된 행동과 말을 하도록 하라. 그래야 실수를 최소화한다.

(3) 누구의 의견이든 일단 경청할 준비가 되어 있어야 하고 메모를 하여 의견을 존중하는 모습을 보여준다.

(4) 악수는 두 손으로 하는 버릇을 익혀둔다.

유권자와 악수할 때에는 상대방의 눈을 보며 정성을 다해 관심을 표하는 자세여야 한다. 한눈 파는 악수는 안하는 것보다 못하다.

(5) 지역구민과의 교제는 평상시 우의를 쌓아 두어야 한다.

선거 때만 나타나서 출마한다고 인사하려 다니면 악수를 청해도 지역구민이 한눈을 판다.

(6) 지역의 행사와 지역구민의 개인적 행사(경, 조사)에 염치 불구하고 빠짐없이 참석하여 좋은 모습과 공감이 가는 좋은 말로 후보자의 인지도를 높이고 지명도를 높인다.

5. 성실한 자세로 끊임없이 노력하고 최선을 다하는 습관을 갖도록 한다.

(1) 후보자가 최선을 다하는 모습이 아니면 선거사무원들이 최선을 다할 리가 없다.

(2) 유권자도 후보자의 언행이 참되고 성실한 모습에 박수를 보낸다.

(3) 유권자 만나는 방법과 후보자 간의 토론 등 후보자가 직접 해야 하는 모든 언행에 대해 참모의 조언을 들으며 철저하게 훈련되어야 한다.

(4) 모든 공은 참모나 운동원에게 돌려라.

항상 배려하고 격려하고 칭찬하는 자세여야 선거운동종사자들을 신나고 열정적으로 만든다.

X. 후보자의 이미지 제고를 위한 행동지침

혈연, 학연, 지연, 인연을 구실로 고정표 확보에 주력하라.

인연을 구실로 한 고정표는 구전홍보의 운동원이 되어 부동표 흡수의 주역이 된다. 다만, 평소 호연으로 맺어진 인연이어야 하며, 악연의 유권자는 후보자의 악재를 유포하므로 치명타를 입힐 수도 있다는 점을 염두에 두고, 수단과 방법을 총동원하여 관리하여 표 날림 현상을 최소화시켜야 한다.

1. 모든 유권자의 표의 가치는 똑같다는 것을 염두에 두고 득표활동 3대 원칙을 지켜라.

※ 득표활동 3대 원칙

1) 첫째, 가까운 곳부터

친·인척, 처가, 시집 등을 철저히 교육시켜 공조직 외 사조직화하여 선거운동원으로 활용해야 한다. 이들 중에 반대자가 있으면 어려운 선거를 하게 된다.

2) 둘째, 쉬운 곳부터

학교 동기동창, 동문, 종친회원, 직장동료, 자생모임의 회원(계모임, 상조회원) 등의 인연을 최대한 활용하면 일당백의 선거운동원의 효과를 얻을 수 있다.

3) 셋째, 많은 곳부터

각종 지역행사장, 재래시장, 아파트 출입구, 경조사 장소 등을 계획적으로 순회하며 고정표 확보에 주력한다.

2. 새벽에 일어나 지역주민과 많이 접촉할 수 있는 등산코스, 목욕탕, 근린공원, 약수터를 매일 순회하며 인사하고 얼굴을 알리고 호연을 맺도록 한다.

3. 지역행사, 관공서, 사회단체, 직능단체, 공장 등을 수시 방문하여 지역의 문제점과 애로사항을 듣도록 하고 공감을 표해야 하며 연령과 직책을 가리지 말고 모든 사람을 똑같이 포용하는 모습을 보이도록 해야 한다.

※ "왜? 표의 가치는 똑 같으니까."

4. 지역주민의 작은 일에도 관심을 표명하고 만날 때마다 인사하는 습관이 생활화되도록 한다.
"후보자가 되더니 아는 체 한다."고 하더라도 "아직도 목에 힘들어가 있다."는 것보다는 나은 것이다.
남녀노소를 불문하고 웃는 얼굴로 열심히 인사하도록 한다.
"웃는 얼굴에 침 못 뱉는다."는 속담이 있다.

5. 방문하는 시간이나 분위기에 따라 적절한 복장과 언행을 미리 준비하여 행동해야 한다. 적절한 복장과 언행은 유권자와 동질감과 공감대를 형성할 수 있다.

6. 여성유권자 앞에서 남편이나 자녀에 대해 부담 없는 칭찬을 하도록 하라. 여성유권자의 가족에 대해 소상히 알고 있다는 자체로도 호감을 갖는다.

7. 기회가 있을 때 기념사진이나 스냅사진을 찍어 보내 주도록 한다. 사진 속에 후보자가 같이 있다는 것에 특별한 동질감과 동지의식을 느끼며 당선되도록 은근히 선거운동을 한다.

8. 호별 방문 시에는 이웃집과의 친소관계를 미리 파악하고 신중을 기해야 하며 언제나 먼저 어르신을 찾아 인사하며 안부를 묻는다.

9. 개인 면담자의 인적사항(친가, 외가, 처가, 친정, 친구, 친지 등)을 상세히 파악하고 기록하여 활용 방법을 연구한다. 후보자가 유권자의 가계도를 알고 있다는 것은 특별한 관심을 가지고 있다는 것으로 생각하고 호감을 갖는다.

10. 사석에서 학력, 재력, 경력을 과시하는 행동을 하지 말아야 한다. 유권자는 자기의 생각과 같거나(공감대), 외형적으로 자기와 비슷한(동질감) 후보를 선호한다.

11. 지역주민의 경조사를 파악하여 염치없이 참석해야 한다.

(1) 하객이나 문상객들과 인사하고 어울림으로 친밀해질 수 있으며 인지도를 높이고 득표활동에 큰 도움이 될 것이다.

(2) 조사에 참석 시에는 가능한 한 장시간 봉사하며 문상객 다수와

유대를 갖는다.

(3) 경조사에서의 선거운동은 비용이 들지 않는다는 장점과 한자리에서 많은 유권자를 만날 수 있다는 장점이 있다.

(4) 티 나게 하면 손해 볼 수도 있다. "너무 염치없이 선거운동을 한다."는 소리가 나오지 않도록 티 안나게 해야 한다.

12. 후보자에 대해 부정적인 태도로 대하거나 잘못된 정보로 인신공격을 격앙되게 하더라도 인내해야 하며, 감정노출은 최대한 자제해야 한다. 자리를 피하고 다음 기회에 사실 해명을 하면 되는 것을, 감정을 자제하지 못하고 그 자리에서 맞대응을 하면 대응한 자체로 깜이 못된다는 평가를 받게 되고 또한 후보자에게 불리한 잘못된 정보의 악재를 유포하는 셈이 되는 것이다. 악재는 단시간에 많은 유권자에게 확대, 재생산되어 전달된다는 점을 유념해야 한다.

13. 아는 사람을 많이 만들고 어떤 수단을 써서라도 좋은 인연으로 유지 하도록 하라. 평소 인간적으로 맺은 인연은 수시로 관심을 표하여 끈끈한 유대를 갖도록 해야 한다. 따라서,

- 부동표 성향의 유권자가 고정표 성향의 유권자로 바뀌며
- 고정표성향의 유권자는 지지자의 낙선을 막기 위해 열심히 선거운동을 하는 경우가 많다.
- 에피소드 자료 만들기에 노력하는 것이 좋다.

14. 기초생활 질서를 철저히 지켜야 한다. 신호등을 무시하거나 횡단보도를 외면하는 도로교통법 위반과 담배꽁초 및 껌, 침 뱉기, 쓰레

기 투기 등을 무의식적으로 범하는 것을 유권자가 발견했을 때, 소문이 퍼지면 치명타를 입는 이유는 낙선시키는 이유로는 충분하기 때문이다.

15. 농어촌 순회 시에 식사제공을 받으면 자연스럽게 식사하면서 선거운동을 하고 당, 낙을 떠나 사례하는 것을 잊어서는 안 된다. 그래야 다음 기회를 기약할 수 있다.

16. 무용담을 펼치듯 공을 내세우지 않아야 한다. 유권자들이 잘 모르거나 상관없는 내용의 무용담이라면 팔불출로 보게 되고 이해관계가 있다 하더라도 공치사로 인정받아 노력한 공은 도로 아미타불이 된다.

17. 유권자와 악수할 때 양손으로 상대의 손을 꼭 잡고 도움을 요청하고 진정성을 보여야 한다. 피곤한 기색으로 한 손으로 악수하면서 다음 악수할 사람을 쳐다보며 건성으로 하는 악수는 하지 않는 것만 못하다.

18. 저소득과 저학력 층, 그리고 근간에 전입한 유권자와 젊은 유권자 등은 대체로 부동표 성향이며 지역 여론에 편승하여 투표한다. 그러므로 간접구전홍보요원들의 역할이 중요하다.

19. 여론을 주도하는 지역인사들을 파악하여 유대를 강화하고 지역의 여론 형성에 도움을 받는다.

20. 후보자는 직접 유권자와 만나고 말해야 한다. 노출된 선거운동원은 식당 종업원의 호객행위와 같아서 직업(유급)선거운동원으로 보고 유권자가 믿음을 가지질 않는다. 가능하면 후보자가 유권자와 직접 만나는 것이 좋으나 좋은 인상을 주는 것이 더 중요하다는 것을 알아야 한다.

※ 연습으로 예비후보로 출마하는 후보도 있지만, 그런 후보는 본 선거에 후보등록을 못하거나 본선에 출마해도 낙선할 확률이 높다.

XI. 후보자가 유세를 잘 하는 방법

1. 웅변과 연설은 다르다.

유세는 연설을 해야 한다. 연설에는 타고난 천재가 없다고 하니 노력이 최상이다.

좋은 연설을 하려면 철저히 준비하고 연설의 기본법을 습득하여 멋지게 잘하려고 꾸미기보다는 자연스러워야 하며 불순하거나 거만하지 않게 정중하면서도 당당해야 한다.

많은 연단에 서보는 경험과 꾸준한 연습과 노력으로 자연스러운 태도를 가질 수 있을 것이다.

전문가의 지도가 첫 출마하는 후보자에게는 필수적이다.

2. 연설의 기본4원칙

1) 천천히 말한다.

- 침착한 여유와 정확한 내용전달과 청중에게 좋은 인상을 준다.

- 침착한 여유를 위해서는 "연설은 내가 제일 잘 한다."는 훈련 경험과 자신감이 필요하다.

2) 또박또박 쉼과 쉼이 분명하게 말한다.

- 경험부족인 사람은 평소 자기 음성보다 소리가 작아지고 연설 내용을 잊어버리거나 또는 청중의 반응에 따라 격앙된 소리가 나오게 되므로 목을 망쳐 다음 유세에 지장을 초래한다. 꾸준한 연습만이 강, 약을 자연스럽게 조절하고 작은 소리라도 똑똑하게 표현하게 되는 것이다.

3) 크게 말한다.

- 목소리가 우렁차고 크면 거리유세에서 청중의 시선을 끌 수 있고 건강한 후보자로 인정받아 표면상 좋은 이미지로 부각된다.
- 연설 내용이 효과적으로 분명하고 강하게 전달되며 단어나 문장을 정확하게 발음할 수 있다.

4) 자연스럽게 말한다.

- 자연스러운 태도와 음성표현은 청중에게 친근감을 주게 되며 청중과 일체감을 조성하고 진실성을 보이는 느낌을 준다.
- 거리유세에서는 '약장사' 스타일의 유세가 효과를 볼 수 있다. 그러나 너무 약장사처럼 하면 경망스러워 보이며 품위를 잃는다.

3. 음성 연습

1) 선거기간에 임박하여 연습을 하다보면 목이 가라앉고 음성이 쉬어

버려 유세를 망칠 염려가 있다. 미리 연습에 연습을 거듭하여 판소리꾼 처럼 목이 트이도록 노력하자.

2) 한 시간 연습하면 1일간 목이 잠기고,
두 시간 연습하면 3일간 목이 잠기고,
세 시간 연습하면 5일간 목이 잠긴다는 각오로 연습한다.

4. 연설의 실제(實際)

1) 연설 공포증을 잊어라.

- 정도의 차이는 있으나 누구든지 처음에는 떨리는 것이 정상이다. 연설을 두려워하는 가장 주된 원인은 대중 앞에서 말하는 습관이 몸에 배어 있지 않다는 것에 불과하다.

2) 연설 공포증의 원인 분석

- 말하는 방법이나 내용에 자신이 없는 경우
- 청중의 야유가 예상되거나 막상 야유가 터져 나왔을 경우
- 연습이 부족한 경우
- 중요한 모임에서 연설하다가 실패한 경험이 있는 경우
- 앞, 뒤로 능숙한 연설자가 있다고 착각하는 경우
- 청중의 수준이 연설자보다 높다고 생각되는 경우

※ 연설은 나만한 사람이 없다고 자기 최면을 걸고 시작해야 한다.

3) 연설에 자신감을 갖자.

- 최상의 방법은 연단에 자주서서 연설에 대한 경험을 쌓는 것이다.
- 연습 시에는 꼭 큰소리로 발성하고 몸가짐이나 제스처는 활발하게 담대히 연습하는 것이 필요하다.
- 말하기 전 심호흡을 하고 온몸 근육의 긴장을 푼다.
- 즉석연설이 아닌 경우 충분히 준비해야 한다.
- 모임의 성격에 따라 연설시초에 유머를 사용하며 자신의 긴장과 청중의 긴장을 풀어 무장된 심리를 해제시킨다.
- 연설 중 어려운 고비가 있더라도 중도에 포기하지 말고 끝까지 끌고 나간다.
- 자신의 개성을 알고 맞는 연습법을 선택한다.

4) 심리적 불안을 해소하자.

- "내가 이 자리에 선 것은 나의 출마의사를 유권자에게 전달하여 공감을 얻고 동질감을 형성함으로써 선거에서 승리하기 위해서" 라는 신념을 가지고 불안해하는 자기 자신을 잊어야 하며 내용 전개를 완전히 자기 것으로 전개한다.
- 자기 연설의 중대성에 심한 과대평가를 하지 말고 분위기가 엄숙하다고 너무 과장해 생각하지 않는다.
- '자신의 경우에만 특별히 어려울 것이다.'고 생각하지 말고 배짱으로 연단에 서면 잠재된 능력이 발휘되어 공포심이 자신감으로 바뀌며 기대 이상의 효과가 있을 수 있다.

※ 연설이 끝나면 모니터 요원의 평을 받고 언행을 개선해 나간다.

5. 연설의 형식

1) 즉석연설

- 1~2분간에 중요한 핵심을 요약 청중에게 전달한다.
- 평소 생각과 느꼈던 것을 말한다.
- 자신이 많이 알고 있는 자신 있는 소재를 선택 연설한다.

2) 낭독연설

- 내용을 확실히 파악하고 충분히 전달하기 위해서 묵독, 음독, 낭독의 3단계 연습과정이 필요하다.
- 한눈에 쉽게 들어올 수 있도록 적당한 크기로 글씨를 쓰고, 두 줄 쓰고 한 칸 띄우고, 세 줄 쓰고 한 칸 띄워 쓰되, 가능한 내용이 같은 것은 묶어 쓰는 것이 좋다.
- 원고는 반드시 넘기기 쉽게 철해서 지참 등단한다.

3) 암송연설

- 연설 내용을 암송하여야 하므로 연설 도중 잊어버렸을 경우 치명적 타격을 받을 수 있다는 점을 유념해야 한다.
  내용을 이야기꺼리로 만들어 암송하는 것이 좋다. 확실히 외우고 내 것으로 만들어라.
- 대화나 중요한 대목, 서론, 결론을 외워둠으로써 순간적으로 줄거리를 잊어 버렸다 하더라도 재치 있게 실수를 커버할 수 있도록 한다.

4) 메모연설

- 내용의 요점만 간추려 메모하여 말을 연결한다.
- 연설자의 스타일대로 자연스럽게 말할 수 있으며 상황에 따라 용어나 내용을 즉흥적으로 구사하여 임기웅변의 묘를 살릴 수 있다.
- 앵무새처럼 완전히 외워서 하는 것이 아니라는 인상을 주어 청중으로부터 신뢰감을 얻을 수도 있다.
- 연설자와 청중과의 친밀감을 높이는 방법은 시선이 교차하는 데 있으므로 청중과 자주 눈길을 교환하려면 원고와 익숙하도록 부단한 연습이 거듭되어야 한다.
- 비디오카메라를 설치 녹화하여 연설의 문제점을 시정, 보완하면서 연습하는 것이 좋은 방법이다.

6. 연설자의 태도

연설의 성공은 말과 행동을 똑같이 중요시하는 언행일치를 잘 연출할 때만이 가능하다.(손동작, 발짝 옮기기, 얼굴표정, 자세 등)

1) 좋은 태도

- 자연스러운 태도
- 명랑 쾌활할 태도
- 경망스럽게 위축되어서는 안 된다.

2) 등단과 단상 태도

- 걸음걸이는 균형 있고 자신감이 있어야 한다.
- 연단에서는 공손하고 꾸밈없는 태도로 인사하고 자연스럽게 연단에

선다.

- 급하게 서둘러 연설을 시작하지 말고 잠시 동안 자연스럽게 청중을 둘러보는 것이 좋다.
- 다리는 어깨 넓이 정도로 벌리거나 또는 약간 좁게 벌려서 안정감을 갖는다.
- 가슴을 반듯하게 펴고 얼굴표정은 말의 내용과 일치하는 자연스러운 표정을 짓는다.
- 눈은 청중을 향해 정면을 바라보되 시선을 좌우로 둘러보며 청중과 시선교차를 하는 여유를 갖는다.

3) 제스처의 의의

- 말과 제스처가 일치하는 행동으로 말에 대한 신뢰도를 높인다.

7. 말을 멋지게 전달하는 방법

행정은 계획을 세워 문서화하고 책임에 대한 서명과 날인을 하여 일정기간 기록보전을 하지만 정치는 거의 모든 일을 말로 한다.

스타정치인이 되기 위해서는 말을 잘해야 한다. 말을 잘하기 위해서는 아는 것도 많아야 하지만, 말 잘하는 방법, 즉 청중이 쉽게 이해하고 공감할 수 있는 말의 표현을 잘해야 한다.

1) 효과적인 말하기 훈련법

- 표현을 잘하는 사람과 못하는 사람의 차이는 말의 억양이나 속도에 변화를 주어 말하느냐, 아니냐이다.
- 처음부터 끝까지 단조롭게 표현하면 듣는 사람을 지루하게 만들고

의미전달을 효과적으로 할 수도 없다.

- 음성의 강, 약과 높고 낮음 그리고 빠르고 느림이 잘 조화된 언어 표현을 익혀야 한다.

2) 음성의 분류

음성의 특성을 크게 나누면 음량, 음폭, 음질, 음색으로 구분할 수 있다.

(1) 음량 : 목소리가 얼마나 크냐, 작으냐를 말한다. 풍부한 음량은 말의 절대적인 원동력이다.

(2) 음폭 : 목소리가 굵으냐, 가느냐를 말한다. 일반적으로 굵직한 음성은 남성의 특징이며 가는 음성은 여성의 특징이다.

(3) 음질 : 목소리가 맑으냐, 탁하냐를 말하는 것으로 보통 여자의 음질은 맑고 남자의 음질은 여자보다 탁하다.

(4) 음색 : 음색이란 다른 사람과 구별되는 목소리이다. 여러 가지 색이 합쳐져 어떤 사물을 결정하듯 음색 표현의 여러 가지 요소가 작용하여 음색이 결정된다.

3) 음성의 단련

첫째, 호흡은 말에 있어서 자동차의 연료 역할을 하므로 충분한 공기의 호흡이 중요하다. 말의 호흡법은 숨을 들여 마시면 배가 자연스럽게 나오고 말을 할 때는 배에 힘이 들어가는 복식호흡을 한다. 그러나 현대인들은 흉식호흡(胸式呼吸)을 함으로써 빈약한 목소리와 짧은 연설에도 목이 쉽게 잠기는 이유가 된다.

둘째, 발성의 10단계를 통한 '자기음성 단련 10단계 발성법'은 아주 중요한 기본 발성법으로서 자기음성을 정확히 알게 하고 장, 단의 연습을 통해 감동적인 연설을 위한 필수조건을 갖출 수 있다.

4) 목소리의 6요소

(1) 빠르기 (2) 크기 (3) 높이 (4) 길이 (5) 쉬기 (6) 힘주기

5) 음성의 고저 강약 완급

내용이 좋은 신문사설을 선택하여 말의 강약 어조에 빠르기에 변화를 주며 말하되 읽는 게 아니라, 마치 친구에게 말하듯이 자연스럽게 그리고 큰 소리로 읽는다. 문장 끝의 "있다", "없다", "것이다"를 "있습니다", "없습니다", "것입니다" 등 구어체로 바꾸어 읽는다.

6) 띄어 말하기

글을 쓸 때는 단어중심으로 띄어 쓰지만 말에서는 그 의미나 흐름에 맞추어 어구를 한 단위로 묶어서 말하는 것이 보통이다. 즉 한 어구 안에서의 낱말을 붙여서 표현하는 것이 물 흐르듯 자연스럽다는 뜻이다.

7) 발음을 명료하게 한다.

부정확한 발음은 의사전달에 있어서 이해를 어렵게 만드는 가장 큰 원인이 된다. 따라서 연사는 발음의 정확도를 녹음기로 측정하여 정확한 발음을 하도록 훈련해야 한다.특히 입모양의 변화에 따라 모음의 소리가 달라진다는 것을 잊지 말아야 한다.

8) 글을 소리 내서 읽는다.

신문사설이나 칼럼(논리적이고 조리 있는 말을 원한다면 동화, 소설, 잡지 등 어떤 글이든 상관없다)에서 마음에 드는 것을 선택하여 느낌을 살려서 소리 내어 읽는다. 이를 녹음하여 반복해 들으면서 속도와 억양

등을 체크하며 스스로 평가해가며 연습한다.[4)]

8. 후보자 등 초청대담 토론회

1) 적응력 제고(TV 또는 라디오)

지역 내 많은 유권자가 볼 수 있고 들을 수 있는 후보자 간 공개토론 회는 토론과정을 지켜보거나 청취하면서 비교평가할 수 있는 기회로 부동표가 고정표로 굳혀가는 기회라고 볼 수 있다. 토론회에서의 성공 여부가 승패로 갈리는 결과를 초래한 사례가 많다고 본다면 참으로 중요한 기회이며 철저히 대비해야 할 과제이다.

2) 준비사항

- 모의질문 내용을 발췌하여 합리적이고 재치 있는 답변을 준비한다.
- 정치적 국가관 소신, 지역개발안, 숙원사업 및 현안사업 숙지 및 해결방안, 지역의 최대 이슈에 대한 의견
- 산발적 질문에 대한 사전준비
- 자기 성찰 5개항에 관련 질문에 대한 대비
- 외모 표정, 말, 몸짓, 답변태도 등 연구개발. 부동표 성향 유권자들이 가장 쉽게 점수를 주는 부분이다.
- 바로 대답하기 곤란한 답변은 답변시간을 때우는 우회 답변 연구
- 선거 참모 및 사무원들을 나누어 후보자 입장과 경쟁후보의 입장이 되어 모의질의응답 토론을 하여 실전 적응력을 키운다.

4) 대한스피치 리더십센터 정순인 원장 신문기고 인용

두 번째 선거 이야기

동정표 결집으로 당선된 국회의원

1985년 12대 총선에 출마할 필자의 모교 동문회장인 선배님을 돕기로 했다.

끈질긴 요청도 있었지만, 선거구를 3일간 순회하며 여론조사를 해본 결과 선거운동 전략만 잘 세우고 차질 없이 선거운동을 하면 승산이 있었기 때문에, 선거사무장을 맡아 도와주기로 결정을 한 것이다.

줄곧 공무원 생활만 해온 필자가 선거에 대해 아는 것이 있을 리가 없는데, 선거 지원을 한다고 하니 주변의 지인들이 "뭘 봐도 아직은 '깜'이 아니다."고 말렸고, 여론조사를 위해 3개 군에서 만나본 유권자들 모두의 판단이 '선배님은 절대 당선이 안 된다.'였다.

그래도 젊은 나이에 두 번이나 출마해서 떨어지는 바람에 분위기는 "완전 거지가 되었다는 소문이던데...", "선거 빚 때문에 고등학교에서 선생질하던 이대 영문과 출신 부인이 직장을 퇴직하고 보험회사에 다닌다고 하던데...", "이번에 떨어지면 자살할 거란 소문도 있던데...", "불쌍하잖나. 나는 민정당 당원이니까 찍어주기가 그렇지만 이번에는 당선되었으면 좋겠다."는 것이 유권자들의 지배적인 여론이었다.

동국대학교를 졸업하고 신민당 청년부장을 지냈지만, 대학시절 사귀던 이화여대 영문과 출신의 부인이 학교 선생으로 받는 급여로 생활해 온 터였다.

정치에 입문하여 제일 빨리 출세하는 방법이 총선에 출마하여 국회의원(장관급)이 되는 것이란 걸 알고 30대 중반에 총선출마를 했던 것으로 필자는 추측하고 있었지만, 선거에 출마하는 것도 대단한 용기라고 생각하여 약간 존경심이 생기기도 했다.

한 선거구에서 2인을 선출하는 중선거구제도로 2위만 되어도 당선되니 해볼만 하다는 판단이었다.

선거 구도를 보면, 4자구도로 선거전이 예상되었다.

- 2선에 도전하는 여당인 민정당의 후보
- 2선에 도전하는 야당인 민한당의 후보
- 정치활동 해금으로 출마하게 된 신민당의 후보
- 2전 3기에 도전하는 신생정당이며 군소야당인 국민당의 선배님

후보들의 경쟁력을 분석해 보면,

민정당 후보

- 서울대 출신으로 한국일보 편집국장 역임한 언론인 출신이며 11대 국회의원
- 전두환 정권의 여당인 민정당은 200만 당원을 자랑한다.
- 당원들이 '평생 동지'라는 긍지와 여당이라는 자부심이 충만해 선거조직이 정예화되고 체계화되어 있다.
- 또한 유권자들이 여당을 안 찍으면 은밀히 사회활동에 지장이 있다는 피해의식이 만연해 있어 노골적으로 야당후보 지지를 못하는 분위기가 있다.
- 여당조직은 동전 넣는 전화기와 같다(돈 안주면 안 움직인다).
- 낮에 선거운동을 하고, 밤에는 주지육림으로 향락에 빠진다.

민한당 후보

- 체신고등학교를 졸업한 뒤 집배원 생활을 하다가 사법고시 12회에 합격해 판사로 재직하였고 11대 국회의원
- 민한당을 민정당이 지원해 만들어진 여당의 둘러리 정당이라는 인식이 있어 정통야당이 아니다.
- 민한당 후보는 현 의원이지만 변호사 업무 때문에 '지역관리에 소홀했다.'는 소문이 저변에 퍼져 있어 조직이 와해되고 고정표가 많이 분산되었다.

신민당 후보

– 서울대 지리학과 2년 중퇴. 외무고시합격. 독일영사. 9, 10대 국회의원
– 9대 총선 때 전국최다 득표 당선(공화당이 2명의 후보를 출마시켜 신민당 후보가 어부지리 반사이익을 봄)
– 신민당은 김영삼, 김대중이 재건한 정통야당으로 인정. 전두환 군사정권을 충분히 견제할 것이다.
– 전두환 정권이 정치활동 금지대상으로 묶어 11대 총선 출마 못함(약간의 동정표 유입 가능).
– 최다의 씨족이 있는 문중의 지원 확실
– 10대의원 시절 정선군의 선거운동원이었던 고(高)여인과의 간통사건으로 사회적 물의 야기(惹起)
– 상공위원회에서 정부에 질의하는 같은 신민당 소속의 최00 의원에게 "국회의원이 그것도 모르고 질의하느냐."고 깐죽대다가 최00 의원에게 따귀를 맞은 사건으로 물의를 일으켜 국회윤리위원회에 회부되고 사쿠라 야당의원으로 지목됨.

국민당 후보(영월)

– 동국대학교 졸업. 신민당 청년부장
– 현 지역의 중, 공고 동문회장이 학연으로 연결될 수 있을 것이란 기대
– 정통 지역 출신으로 지연이 경쟁력으로 작용할 것이란 기대
– 11대 총선 합동유세 때, "정권을 도둑질한 전두환 군사정권을 타도해야 한다."고 역설하여 용기 있는 젊은 정치인으로 각인
– 두 번의 낙선으로 동정표 결집 가능
– 훤칠한 키와 잘생긴 얼굴, 40대 나이에 흰백의 장발
– 확실한 혈연이 있지만 두 번의 낙선으로 문중의 결집력이 와해(瓦解)되고, 당선 가능성이 희박(稀薄)하다는 예단(豫斷)으로 문중의 적극적인 지원 기대 의문

경쟁력으로 계산해 보면 1위 민정당 후보, 2위 민한당 후보, 3위 신민당 후보, 4위 국민당 후보로 2위 당선도 가능성이 없는 것이었다.

이에 대한 국민당 후보의 필승 선거 전략으로

첫째, 유권자의 심금을 울리는 내용 개발 동정표 확보 전략

(이번에도 낙선되면 자살 가능성 유포)

둘째, 학연, 혈연, 지연의 최대한 활용방안 연구개발

(학교의 위상 제고, 가문의 영광, 출신지역의 자랑)

셋째, 2위와 3위가 혈투를 벌이도록 네거티브 내용 제공 전략수립

('2위가 먼저 3위인 우리를 모함하여 네거티브를 전개했다. 3위가 2위인 우리를 공격한 내용일 것이다.'라는 공격 빌미 제공)

넷째, 2위와 3위의 유능한 참모 및 지역 선거운동원 활동중지 전략

('개인적인 이간질과 선거운동을 빌미로 딴 짓하고 다닌다.'라고 구전 홍보요원을 통해 유포)

다섯째, 출향지인들의 연고지 곡사포 지원 전략

(선거구에 방문하지 않고 거주지에서 전화로 지인들에게 간곡한 지지 호소)

여섯째, 배우자 및 자녀의 발로 뛰는 선거 지원 전략

("신랑 좀 도와주세요.", "우리 아빠 살려주세요."로 동정분위기 고조)

일곱째, 야간에 저소득층 밀집지역, 광부 사택, 수해주택 등 호별방문

(서민으로서의 동질감 형성, 선인지 효과 극대화)

벽보를 도안하고 책자형 홍보물을 만들어 후보등록을 해야 할 날짜가 다가오자 7백만 원의 후보등록비가 없어 시골이장인 동창의 경운기 구입비를 빌리고 여자동창의 지원으로 후보등록은 하였지만 선거사무실 운영비가 없었다.

고심 끝에 가까운 친·인척 명단을 입수하여 야간에 은밀히 찾아다니며 "친·인척이 조금만 도움을 주면 이번엔 당선될 수 있다."라고 설득하여 일부에서는 후원금과 서명을 받았지만, 두 번의 선거지원으로 경제적 손실을 크게 입었다는 친동생의 거부로 친·인척 모금은 백지화해야 했다.

지방신문에서는 세 후보가 각축을 벌이고 있다며 언론에서 선배님은 후보로 거론도 안되는 무늬만 후보였다. 덕분에 견재를 받지 않아 발로 뛰는 선거운동을 충분히 할 수 있었다.

기호추첨을 선거사무장인 필자가 하였는데 1번을 추첨하여 이번 선거에서 선배님은 천우신조(天佑神助)가 있구나 싶어 당선된 것이란 확신이 들었다.

학교후배들이 부모들로부터 활동비를 구걸하여 엄동설한에 광산촌 골짜기를 누비며 동문회장인 선배를 위해 선거운동을 해준 고마움을 필자는 아직도 잊지 못하고 있다.

출마후보자의 현수막과 벽보가 길거리에 붙어 있을 즈음에, 3개군 소재지의 가장 큰 초등학교 입구에서 하교하는 2학년 이상의 학생들을 대상으로 "아빠, 엄마에게 날 좀 찍어달라고 부탁해다오. 아저씨 좀 살려다오!" 했던 전략이 어린 학생들에게 급속도로 퍼지고 동정심을 유발시켜, 투표장에 가는 부모들을 가로막고 "국민당 후보를 찍어 달라"고 애원했다는 후일담이 있다.

어린 학생들이 선거운동원이 되어준 것이다.

이러한 선거운동에 힘입어 1985년 2월 12일 투표결과, 3위인 민한당 후보와 5천여 표차로 국민당 후보가 2위로 당선, 천신만고 끝에 꿈에 그리던 12대 국회의원이 되었다.

제6장

선거조직원 구성 전략

Ⅰ. 조직의 종류와 역할

1. 공조직(종조직)

정당과 선거법상 허용된 선거사무소와 선거연락소 등에 선거업무에 종사하는 조직을 뜻하며 조직의 서열이 정해진 피라미드형이다.

명령과 지시로 통제하기는 쉬우나 조직원이 대체로 수동적이거나 피동적이어서 스스로 상황대처능력이 떨어진다.

1) 선거사무실 내의 선거사무원과 유급운동원, 자원봉사자와 시, 군, 읍, 면, 동, 리, 통 책임자 그리고 당원 등이 공조직이라고 할 수 있다.

2) 공조직은 전체 선거를 이끌어가는 기관차조직의 전위부대인 셈이며 적기, 적소, 적인을 배치하여 역할 분담을 하여 업무에 누수나 중복을 방지하도록 해야 한다.

2. 사조직(횡조직)

후보자와 개인적인 친분으로 만들어진 조직으로 비교적 자율성이 강하고 적극적이므로 확실한 방법을 알려주면 능력껏 선거에 도움을 준다.

1) 선거를 지원하기 위해 선거구역 내 유권자들의 자생조직으로 공조직의 지시를 받고 자체조직을 확대하여 고정표화하고 연고자 중심으로 득표활동을 한다.

2) 노출되지 않은 비밀조직이어서 유권자에게 접근이 용이하고 저항이 덜하며 생업에 종사하면서 선거운동을 할 수 있다.

3) 항상 투표율이 저조한 재·보궐선거에서는 사조직과 점조직의 수를 높여서 고정표 확보와 지지자들의 투표율을 높이는 것만으로도 당선을 확신할 수 있다.

3. 점조직

1) 학연, 혈연, 지연, 직장동료, 동호인, 개인적인 인연으로 조직화 할 수 없는 일대일의 연결관계로 후보자 개인조직이며 지역동향이나 객관적인 지역별 판세 분석과 여론형성을 주도할 수 있는 조직이다.

2) 많을수록 관리가 어려우나 후보자와 인간관계가 유지되는 한은 확실한 고정표이며 깨어지지 않는 무형의 조직이다.

4. 외곽조직(별동대)

1) 선거사무실과는 직접 관계없이 공조직과 사조직의 사각지대를 찾아 활동하며 조직은 있으나 모양이 보이지 않는 조직이다.

2) 간접 구전홍보교육을 받아 후보자에 대한 이미지 제고를 하고 부동표를 고정표로 전환하고 유동표를 흡수하는 역할을 한다.

※ 후보자 유의사항

1. 후보등록 1개월 전에 각 국, 실, 부장을 내정하여 하부조직을 구성하고 공조직을 정비해야 하며 선거법과 선거운동 방향과 방법, 그리고 선거운동원의 기본자세 등을 교육완료해야 한다.

2. 업무숙지를 위해 선거사무원을 전원 소집하여 업무 예행연습을 해둔다.

3. 선거사무원 개개인이 준비해야 할 내용에 대해 각자 필요한 것들을 준비하도록 조치해 둬야 한다.

Ⅱ. 참모의 역할과 선발 시 점검사항

1. 기획 전략팀장(투명인간 같은 후보 특보)

선거전반에 대한 전략 기획을 담당하여 각종 홍보내역 개발 및 조직 활용방안과 각종 행사(출정식, 거리유세, 정당유세 등) 시나리오 작성을 전담하며 선거 전략개발을 하며 외부에 존재가 알려지지 않도록, 있어도 없는 것처럼, 없어도 있는 것처럼 일한다.

※ 점검사항

- 선거실무를 총지휘할 수 있는 경험이 풍부한 사람인가?
- 정치흐름에 밝으며 판세분석을 정확히 할 수 있는가?
- 상황에 대처할 수 있는 전략 기획이 가능한 사람인가?
- 순발력과 추진력이 있는가?
- 조직을 효율적으로 운용할 수 있는가?
- 공명심이 앞서거나 이기적이지는 않는가?

2. 선거사무장(참모장)

법률이 정한 행정적 선거사무를 총괄하며 선거사무실 운영과 선거사무원들을 관리하고 후보자의 지시를 직접 받아 참모 및 선거사무원에게 업무지시를 하고 후보자에 보고하는 창구 역할을 하며 회계책임자와 협의하여 선거비용지출의 가부를 결정하고 후보자 부재 시에 방문객 접대와 민원접수 처리를 책임지며 참모회의를 주재한다.

※ 점검사항

- 정치 감각은 있는가?
- 지는 선거만 해온 사람은 아닌가?
- 지역현황과 지역정서를 정확히 파악하고 있는가?
- 후보자의 분신으로 손색이 없는가?
- 주관이 너무 강하지는 않는가?
- 중요한 협상의 순간에 후보자를 대변할 수 있는가?
- 지역주민의 비판을 받는 사람은 아닌가?
- 철저히 객관적이고 합리적인 판단으로 대처하는 사람인가?
- 믿을 수 있는 사람인가?

3. 회계책임자(참모)

선거법에 명시된 법정선거자금 내역과 공직선거법을 숙지해야 하며 회계, 경리 실무를 담당하여야 하며 "선거자금 지출공정표"를 작성하여 수입, 지출에 대한 누락이나 중복 또는 허위기재 내용이 없도록 하여 선거일 경과 후 "선거경비 수입 지출 보고서"를 작성하여 선거관리위원회에 제출하여야 한다.

※ 점검사항

- 입이 무거운 사람인가?
- 회계, 경리 업무에 경험이 있는가?
- 선거에 대해 이해가 되는 사람인가?
- 금전 문제로 비리가 있던 사람은 아닌가?
- 사무실 내에서 금전 문제가 있을 때 충분히 대처가능한 사람인가?
- 선거사무원과 문제를 야기할 사람은 아닌가?
- 친화력과 포용력이 있는가?

4. 후보 수행팀장(참모)

그림자처럼 후보를 수행하고 경호하며 후보의 일정관리와 주민의 민원사항이나 지역의 특이사항 입수된 경쟁자의 정보 등을 기록하고 선거사무실과 연락유지를 한다.

※ 점검사항

- 선거구 내 지리는 밝은가?
- 주요 지역인사의 얼굴을 많이 알고 있는가?
- 친화력이 있어 대인관계 유지를 잘 하고 있는가?
- 거부감을 주는 언행이 몸에 배어있지는 않은가?
- 입은 무겁고 믿을 수 있는가?
- 재치 있는 달변으로 후보자를 궁지에서 구할 수 있겠는가?

5. 선거사무원 선발

업무의 효율성을 감안하여 조직을 세분하거나 통합관리하여 신축을 기한다.

※ 선발 시 공통점검 사항

- 전문성은 있는가?
- 믿을 수 있고 충성심은 있는가?
- 실무경험은 있는가?
- 능동적이며 적극적인가?
- 일당만 생각하고 자리를 차지하고 있을 사람은 아닌가?
- 판단력과 통솔력은 뛰어난 편인가?
- 차분한 성격인가?
- 내부의 적이 될 사람은 아닌가?

Ⅲ. 조직구성원 업무 전략

1. 선거대책 위원장

지역 실정에 밝고 덕망이 높아 지역주민의 존경을 받는 사람으로 추대하여 선거사무실 방문객을 접대하거나 후보자를 수행하여 후보자의 이미지 제고와 부동표 흡수에 주력한다.

2. 선거대책 본부장

선거전반에 대한 풍부한 경험과 이론과 실전에 능한 사람으로 참모회의를 통해 각 분야의 선거실무를 지도 감독한다.

3. 지도위원·자문위원·후보 특별보좌역

선거구 내에서 평판이 좋고 발이 넓은 원로급 또는 지도자급의 사람들을 대량 영입하는 자리로 이용할 수 있다.

선거운동 참여를 고사하거나 수용치 않더라도 우호적인 입장으로 묶어 두는 방법일 수도 있다.

4. 총무국

1) 선거사무장 업무를 보좌한다.

2) 사무집기와 차량관리 및 내방객 접대와 유급운동원 관리

3) 후보와 후보배우자 일정관리와 연락망 구축

4) 기타 타부서에 해당되지 않는 업무

5. 조직국

1) 조직1부는 공조직을 관리한다.

(1) 선거사무원

(2) 선거운동원

(3) 당원조직

2) 조직2부는 자원봉사자를 관리한다.

(1) 자원봉사자 가입유도

(2) 후보자 및 배우자의 친지, 지인, 동문, 친우, 동호인, 소속 직능단체 회원 등을 자원봉사자로 유입하여 업무배치

(3) 전화홍보 및 홈페이지 관리 고정배치 가능자 선발관리

(4) 구전홍보팀을 구성하고 교육하여 상시 구전홍보팀을 운영한다.

3) 조직3부는 사조직 직능단체를 관리한다.

(1) 사회단체, 자생단체, 종교단체, 장애인단체와 노인회 등을 관리한다.

(2) 후보자 친인척 및 사조직과 점조직을 관리한다.

6. 홍보국

1) 벽보 홍보물 제작, 사진촬영, 유세문 작성

2) 후보 간 TV토론 검토 대응전략 시나리오 작성

3) 후보자 이미지 메이킹 계획(안) 수립 결정 집행

4) 권역별, 지역별, 홍보계획 수립 집행

7. 교육국

1) 선거사무원 및 선거운동종사자 교육계획 수립(단체교육)

2) 사안별 수시 선거 실무교육

8. 선거상황실

1) 각종 기본자료(최근 선거결과, 지역별 유권자수, 선거구 내 지도, 관공서 명단, 국영기업체 명단, 사회단체 명단 및 자생단체 명단) 등을 수집하여 백데이터로 활용한다.

2) 수시 여론조사를 하여 유권자 성향분석을 하고 우호적 지지유권자의 기권 및 이탈방지 대책을 수립한다.

3) 간접 구전홍보팀을 구성하여 교육하고 상시 운영한다.

9. SNS 대책반

1) 홈페이지, 트위터, 페이스북 등을 이용하여 후보자 알리기에 주력한다.

2) 후보자의 홍보물 내용을 QR코드에 담아 벽보와 명함에 넣어 유권자가 스마트폰으로 볼 수 있도록 준비한다.

10. 후원회

1) 후보자의 친인척과 지인들의 명단을 확보하여 후원회비 모금액 제고에 도움을 받도록 한다.

2) 후원회원 및 회비를 관리한다.

Ⅳ. 후보자의 조직운영지침

1. 후보자는 선거준비 종합계획안을 토대로 선거사무원과 선거운동종사자 모두에 대한 철저한 교육을 통하여 실행능력을 배양하여 정예화시켜야 하며 역할분담(업무분장)을 정확히 하여 업무의 누수나 중복이 되지 않도록 하여야 하며 역할에 따라 권한과 의무를 부여하여 사명감과 책임감이 충만하도록 한다.

2. 후보교체로 당원조직을 인수하게 되면 이탈하고 흐트러진 조직을 읍, 면, 동별 투표구별로 시급히 점검하고 정비하여 선거구 내 전유권자와 접촉이 가능하도록 체계화시켜야 하며 철저한 교육을 통해 정예화시켜야 조직 간의 유기적인 협조가 가능한 것이다.

3. 선거참모는 평소에 잘 조련되어야 한다.
선거 전략 기획담당참모는 이론과 실무경험이 풍부해야 지역현실에 맞는 전략을 수립할 수 있고 돌발 상황에 대한 적응력과 순발력으로 대처할 수 있다.
잘 먹이고 훈련을 통해 잘 키운 사냥개는 죽기를 각오하고 호랑이와도 대적을 하는 충성심이 함양되어 있지만 먹이를 제공치 않으면 조련이 되지도 않고 주인을 섬기지도 않는다.

4. 후보자와 참모장은 법정선거 운동기간에 들어가기 전까지 모든 준비사항을 챙겨두고 조직원과 지휘체제를 훈련시켜 효율적인 조직의 운영을 극대화 할 수 있도록 해야 하며 또한 공조직과 사조직의

충돌을 미연에 방지하려면 분리운용 방법을 모색하도록 해야 한다.

5. 선거본부장(선거 전문가)은 선거기간 중에 후보와 직접 모든 현안을 논의하고 후보자가 현실에 적응토록 건의하거나 활동업무를 조정하며 작은 오류도 범하지 않도록 후보와 선거사무원들을 지휘감독하는 권한을 부여해야 한다.

6. 참모장(선거사무장)은 후보에게 보고창구를 일원화하고 후보자가 불필요한 사람들의 접촉이나 불요불급한 업무에 시달리지 않도록 익일일정표를 작성하여 후보에게 확인 결재받아야 하며 후보수행원에게 일정표를 지참토록 하고 수행업무요령을 지도해야 한다.

7. 참모를 쭉정이로 만들지 말아야 한다.
모든 업무를 먼저 결정해 놓고 전달 또는 명령하는 회의는 참모의 의견을 박탈하는 것이다.
많은 사람들의 중지를 모아 의사결정을 하는 회의풍토를 조성해야 하며 참모들의 의견을 무시하거나 거절하면 또다시 의견을 개진하지 않을 것이고 참모로서 사무실 내외의 문제점을 진언하지 않는다. 후보자가 참모의 능력을 인정치 안으면 참모일 수 없고 '밥만 축내는 밥통'이 된다.

※ 능력을 인정하고 권한을 부여하면 책임감이 생겨 충성을 한다.

8. 후보는 초기단계에 조직원 간의 위계질서를 확립해 주고 갈등을 해소시켜줌으로써 내부 '팀워크'를 조성해 주어야 한다.

또한 조직원 간의 유대감을 고조시킬 수 있는 기회를 부여(야유회, 단체여행, 회식 등)하여 친목과 유대를 공고히 하고 공동체 인식을 함양하여 유기적인 협조체제를 조성해야 한다.

※ 팀워크의 조화는 70%이고, 30%는 후보자의 조직관리 효과이다.

9. 선거사무원에게 경제적인 투자를 강요 또는 기대하지 말아야 한다.
선거사무원이나 선거운동종사자들은 두 가지 불이익을 각오하고 선거운동을 해 주겠다고 결심한 것이다.
첫째, 생업을 포기하고 선거운동에 종사하는 것이며, 둘째, 당·낙에 상관없이 선거 후유증(상대후보 운동원과의 갈등과 지역 간의 갈등)에 대한 불이익이 저변에 존재하기 때문이다.

10. 후보자와 직접보고를 하거나 업무지시를 할 수 있는 핵심참모로는 선거사무장, 선거 전략 기획팀장, 회계책임자, 후보수행원 정도로 제한해야 하며 항상 핵심참모끼리 모든 사안을 협의하여 후보자에게 보고토록 해야 하며 참모는 선거법을 100% 숙지토록 교육하여 선거법 위반여부 때문에 선거업무를 일실하는 일이 없도록 해야 한다.
후보자가 직접 선거사무원 모두를 대상으로 지시하고 확인하고 '일거수 일투족'을 간섭하면 말에 권위가 서지 않고 참모와 선거운동원들이 소신껏 일할 수 있는 마음의 여유를 위축시키는 것이다.

11. 결정권을 가진 참모가 많으면 후보자를 힘들게 하고, 전략기획이나 실행과정에 혼선을 야기할 수 있음을 유념해야 한다.

12. 참모장은 모든 상황에 대해 구체적으로 치밀하게 충분히 검토분석하여 후보와 상의하여 조직원들에게 하달함으로써 업무의 흐름을 장악해야 한다.

13. 선거사무원은 사무장이 관리하고 선거종사원은 전략기획팀장이 관리하도록 배려하고, 선거비용은 회계책임자가 절대권한을 행사하도록 표면적으로 배려하여야 한다.

14. 선거사무원과 선거운동종사자 중에는 분명한 직업이 없거나 경제적 능력이 취약한 사람들이 있다.

경우에 따라서는 선거브로커라는 소리를 듣지만 선거운동을 열심히 할 수 있는 조건을 고루 갖춘 자임을 알아야 한다. 다만, 경험과 선거이론만을 앞세워 전문가임을 자처하고 과다한 비용청구는 물론 조직 간의 융화가 되지 않는 자는 필히 경계해야 한다.

15. 친·인척을 공조직에서 배제해야 한다.

친·인척을 공조직에 참여시키면 조직의 위계질서가 무너지고 조직 간의 유기적인 협조를 기대할 수 없으며 서로를 시기하고 의심하는 분위기가 형성되어 효율적인 업무수행이 불가능하게 된다. 따라서 친인척에 대한 별도교육을 통하여 선거에 도움이 될 수 있도록 역할분담을 하도록 해야 한다.

16. 고인 물은 썩기 마련이다.

시대 흐름에 따라 유권자의 취향이 다양해지며 정치적 견해가 상승하게 되어 있다. 따라서 신선한 이미지로 유권자와의 접근방법을 상황에 맞추어 변신할 수 있고 조직의 일원으로 명분을 세울 수 있는 새로운 사람을 영입하여 조직을 보강하고 정화할 필요가 있다.

※ 썩은 물은 정화하여 재활용하도록 하면 된다.

17. 젊은 세대와 여성조직 확대가 절실하다.

유권자의 45%를 차지하는 젊은 세대(20~30대)를 확충하여 공조직화 하고 유권자의 50%를 상회하는 여성을 그룹별 공조직 또는 사조직화하여 활용하는 방안을 모색해야 한다.

(득표활동 능력 발휘가 학력에 상관없이 여성이 남성보다 월등하다는 것은 증명된 사실임.)

18. 참모나 선거사무원이 밖에서 불평하지 않도록 배려해야 한다.

밖에서 하는 말은 불평이지만 회의에서 공개적으로 하는 말은 건의사항이거나 선거에 대한 조언일 수 있다는 걸 알아야 한다.

참모나 선거사무원의 의견이 무시되면 밖에서 불평하게 되며 이사람 저사람 불평하게 되면 사무실에 대한 정보가 경쟁후보 측에 누설되며 선거 전략에 막대한 차질을 빚을 수 있다.

참모장이 주제하는 회의를 통해 건의내용을 수용하고 해결해 주거나 무마해 주어 불평할 여유를 주지 않아야 한다.

19. 선거는 무기 없는 전쟁이다 .

선거참모는 필승의 신념과 책임감이 투철해야 하며 모든 선거종사원들에게 필승의 신념을 고취하여 승리를 위해서는 한 치의 양보도 허용치 않는 정신무장이 필수적이며 선거에서는 '필승의 신념'이 최고의 무기이다.

20. 고정관념의 틀에서 벗어나야 한다.

- 친인척, 동창, 동문, 직장동료, 당원들이 헌신적 지원을 해 주리라는 기대를 하지 말아야 한다.
- 참모나 선거사무원들을 하수인이라 생각하고 행동하지 말아야 한다. 그들이 후보를 당선시킬 수 있는 상전이다.
- 선거조직은 군대 같은 계급조직이 아니므로 조직운영을 민주적으로 해야 한다.
- 후보가 직접 나서지 않으면 안 된다는 오만한 생각을 버려야 한다. 그러면 조직은 쭉정이가 된다.
- 선거는 '최소의 투자 최대의 효과'는 없다. 경제이론이 적용되지 않는 것이 선거이다.
- 조직관리와 자금관리는 직접 해야 한다고 고집부리지 말아야 한다. 선거기간 중 후보자가 해야 할 중요한 일들을 못하게 되며 걱정거리만 늘어난다.
- 선거조직은 생활에 필요한 도구와 같다. 그 모양과 크기에 따라 숟가락으로 또는 밥그릇, 국그릇으로 쓰는 것처럼 재래식 화장실의 '똥바가지'도 꼭 필요한 가구이다. '똥바가지'가 항상 재래식 화장실 주변 보이지 않는 곳에 있듯이 적기에, 적인을, 적소에 배치하여 역할분담시키는 것이 기업이나 선거조직의 인사원칙이며 조직운영을 하자 없이 할 수 있는 첫째 조건이다.

V. 선거참모 명심보감(참모 필승 전략)

1. 선거법은 선거에서의 '룰'이다.

법을 알아야 올바른 선거를 기획하고 능률적으로 실행할 수 있다.

후보자는 물론이며 참모(배우자, 선거사무장, 회계책임자, 후보수행원, 기획전략팀장)는 선거법과 이에 부수된 관계규정을 완전 숙지하도록 하여야 하며 분야별 선거사무원들도 선거법 교육을 통하여 법위반 행위를 사전에 예방하도록 하여야 한다.

2. "모로 가도 서울만 가면 된다."는 말은 속담일 뿐이다.

1등만 존재이유가 있는 선거이므로 질러가는 방법을 연구해야 한다.

그런데 선거법을 위반하여 적발되면 위반사안별로 벌금형 또는 징역형 처벌을 받게 되며 당선된다 하더라도 그 후유증에 시달리거나 당선이 무효가 되고, 법정 선거비용 환급받은 금액도 반환해야 하며, 피선거권이 박탈되어 일정기간 선거에 나서지 못한다.

3. '덫'의 위치를 알면 피해갈 수 있다.

선거법을 완전 숙지했다 하더라도 난해한 유권해석(공권적 해석)을 국가기관(선관위)에 서면으로 질의하여 유권해석을 정확히 받아 실행해야 하며 구두로 질의하여 일어날 수 있는 사고를 미연에 방지해야 한다.

법을 만드는 국회의원들도 '법이 현실성이 없는 부분이 있다거나', '원죄를 앉고 선거를 해야 한다.'고들 이야기하고 있다.

악법도 법이라 했으니, 법을 지켜 덫에 걸리지 않는 것이 최선이다.

4. 내부의 적이 더 무섭다.

선거법을 위반해서는 안 되는 일이지만 일부 무지한 운동원이 실수로 선거사범이 되는 경우에 선관위와 경찰서의 인지사건보다는 상대 후 보의 고소, 고발 또는 정보유출로 인해 발단이 되는 사례가 많다.

내부자의 소행일 경우 증거확보가 용이하므로 평소 인화단결을 위해 최선을 다해야 하며 선거법 위반을 야기하지 않도록 교육함이 최선이다.

5. 선거종료 후 선거운동종사자 관리

당·낙에 관계없이 선거법 위반으로 당선무효형에 해당되면 법정선거비용 보전 받은 금액을 전액 반납해야 한다.

선거종료 후에도 참모들 간의 갈등해소에 세심한 주의를 기울여야 한다는 것을 염두에 두어야 한다(유비무환).

세 번째 선거 이야기

선거의 귀재 '엄창록(嚴昌錄)' 선거참모

엄창록은 함경남도 원산 출신으로 원산사범학교를 중퇴했다는 이야기와 강원도 인제 출생이라는 이야기도 있다.

중앙정보부 자료에 따르면, 6·25전쟁 당시 심리전 업무를 담당한 북한군 고급 하사관 출신으로 알려져 있다.

좌익에서 우익으로 전향한 엄창록은 강원도 인제에서 약국을 운영하고 있었는데, 1961년 강원도 인제군 제5대 민의원 보궐선거에서 김대중의 첫 당선을 도와줬지만, 5·16이 일어나 취임선서도 못 해보고 국회가 해산되어 버렸다고 한다.

엄창록은 김대중이 1970년 대통령후보가 될 때까지 지역에서 3선 당선을 도왔다고 한다.

엄창록은 세간의 인지도는 낮지만, 이 땅의 선거사를 연구하는데 반드시 거명되어야 할 인물이라는 중론이다.

1988년 60세의 나이로 이승을 떠난 그의 이름 석 자는 중정 간부들과 야당 중진들 사이에 신화처럼 남아 있다고 한다.

타의 추종을 불허하는 그의 신출귀몰에 가까운 조직, 선전 전술은 중정에 의해 정리 출간되어 당시 공화당과 박정희 대통령에게 은밀히 납본되기도 했다고 한다.

궤벨스, 모택동의 심리전술에 몰두한 자로서 네거티브 전략을 최초로 정착시킨 최초의 인물이라고도 한다.

그의 전략은

1. 공격적 선동의 중요성
2. 모략을 통한 아측(我側) 지지 확보
3. 기만을 통한 상대 표 와해
4. 궤변과 억지의 반복을 전략의 기본으로 삼았다고 한다.

또한 '선거란 유권자를 어떻게 조작(操作) 하느냐의 기술'이라는 나름대로의 철학이 있었고, '상대후보 표를 깍는 작업은 내 표를 얻는데 비해 비용이 10분의 1밖에 들지 않는다.'고 생각했다.

그러니 상대후보 감표 작전에 주력해야 한다고 선거의 경제적 효과를 주장하기도 했다.

엄창록이 김대중의 선거참모가 되어 한국 정치판에 최초로 도입된 것이 많다.

전당대회에 후보자들의 얼굴이 담긴 피켓을 들고 연호를 하여 후보자의 세를 과시하는 것과, 같은 당일지라도 중진들이 전국에 각 도 책임자를 두고 전국적인 조직망을 두게 한 것이다.

김영삼은 고구마 줄기를 끌어당기듯 중진들만을 설득했으나, 김대중은 저인망식으로 각 도마다 책임자를 두고 전국의 대의원표를 훑었다.

김대중은 김상현 의원만이 유일한 계보였는데, 김영삼 후보의 득표에 육박하여 전당대회장을 놀라게 만들었다.

한 예로 당시 경상남도 책임자가 전라도 출신 한화갑 씨였는데 수차례나 찾아 온 한화갑 씨에게 경남 대의원이 '내가졌네! 김대중 씨 지지하겠다.'하고 돌아섰고, 이렇게 돌아선 대의원들은 쉽게 바뀌질 않았다.

1980년대까지도 나이든 경남지역의 대의원들은 김대중 지지자가 많았다고 한다.

당시만 해도 알아주지도 않는 대의원들을 됫병 소주 하나 달랑 들고 시골까지 방문해 준 것이 고마웠던 것이다.

1970년 야당의 대통령후보 선출 전당대회에서 김대중 후보가 입장할 때, 미리 청중들 속에 심어둔 계보의 운동원들이 "김대중 후보께서 입장하십니다." 하고 박수를 유도한 것도 김대중 계가 최초로 도입했다고 한다.

당시 전당대회 1차 투표에서 경남지역 대의원들 70%가 김대중 후보를 지지했다는 놀라운 사실이 일어났었다.

김영삼 후보는 전당대회 전날 야당대통령후보 수락연설 연습을 하고 있을 때, 김대중 후보는 지방에서 상경한 대의원들이 묵고 있는 전당대회장 주변의 여관들을 찾아 소주와 오징어 안주를 씹고 있는 대의원 방에 들어가 일일이 돌며 인사한 것도 김대중 계가 최초로 도입한 것이다.

엄창록은 바로 이러한 전술과 네거티브의 전문가였다.

그가 구사한 계략은 대중의 원초적 심리를 확실하게 파고들 수 있는 아주 명확한 계략이었다.

총선에서 중앙정보부와 여당인 공화당에서 막대한 자금을 들여 관권과 금권선거로 신민당을 방해하던 시절에, 김대중 진영으로서는 네거티브로 상대할 수밖에 없었던 현실에 네거티브는 최상의 방어책이었을 것이다.

그의 선거 전술 몇 가지를 보면,

야당 선거운동원이 여당 선거운동원으로 위장해

- 양담배를 꼬나물고 거드름을 피우면서 지나가다가 여당후보 지지를 강요하고 싸구려 담배 한 가치를 내밀며 거만을 떤다.
  유권자를 기분 잡치게 만드는 것이다.
- 여당후보 이름으로 봉투를 돌리는데 봉투를 열어보면 단돈 천 원이 들어 있다. 정말 유권자를 거지로 안다는 생각이 들게 만든다.
- 당시에는 귀하다는 설탕이나 고무신을 "여당에서 돌리는 것"이라고 집집마다 줘놓고 다음날 "이 집에 줄 것이 아니었다."고 도로 빼앗아 간다. 기권할까 했는데 기분이 나빠서 병석에 누워있는 노인네까지 모시고 야당 찍으러 가게 만든다.
- 동네에서 가장 큰 식당을 여당후보 이름으로 통째로 빌려서는 '여당후보가 00 식당에서 식사를 제공한다.'고 동네사람 모두를 초청한다. 여당후보가 나타날 리가 없고 식당 안에서는 허기진 배를 움켜잡고, 여당후보에 대한 욕을 바가지로 하게 만든다.
- 여당의 이중스파이 집 대문에 크게 X 표시를 하여 놓고 여당에서 쓸모 없는 스파이 집에 표시를 해 놓은 것이라고 귀뜸을 하고 소문을 내어 골수 야당이 되도록 한다.
- 기생오라비처럼 꾸미고 차를 타고 곳곳을 누비고 다니며 야당표 많이 나오는 지역이라고 온갖 욕설을 퍼 붓는다.
- 여당 전당대회장에 침투하여 술 취한 척 난동을 부리다가 자해를 하여 여당 당원이 폭행했다고 소문을 낸다.

– 여당 전당대회에 다녀온 당원들 사이에 끼여 여비라고 받은 돈봉투 속의 많은 돈을 보이며 차등해서 여비를 준 것처럼 이간질을 한다.

때로는 처음 방문한 집에서 세수를 하는 척 하면서 고급비누를 놓고 간 다음, 그 집에서 잘 쓰고 있을 무렵 다시 그 집을 방문하여 거리감을 좁히고 가족사항을 상세히 파악한 뒤, 이번에는 김대중 후보 이름으로 편지를 보낸다.

편지의 내용은 '댁의 아드님 취직자리는 제가 책임지겠습니다. 동네사람들에게는 절대 비밀입니다.'

이런 편지를 받은 유권자는 어떻게 될까?

김대중 선생님 얘기만 나오면 자다가도 벌떡 일어나 입에 거품을 물고 김대중 선생님 칭찬을 하게 된다.

물론 선거의 귀재가 구사했다고 보기에는 스케일도 작고 파렴치한 계략이긴 하지만, '선거'라는 특성상 이런 계략이라도 구사해야 했기에 8대 총선 153개의 선거구에서 65석을 얻는 성과를 달성했다고 한다.

엄창록의 선거 전략이 전적인 영향을 준 것은 아니겠지만, 무시할 수 없는 영향을 줬을 것이라는 짐작이 가는 대목이다.

정치가 매우 후진했던 당시 상황에서는 여권의 금권, 관권선거에 대항할 수 있는 야권의 유일한 전략은 네거티브 이외의 선택은 없다는 것이 엄창록의 생각이었던 것 같다.

엄창록의 선거 전략에 번번이 당하던 박정희 대통령은 대선을 앞두고 중앙정보부장을 '김계원'에서 '이후락'으로 바꾼다.

엄창록은 1971년 1월 김대중 보좌역에 임명된다.

그런데 그해 1월 27일 김대중 집에서 의문의 폭발물이 터지고 중정은 이를 김대중 측의 자작극으로 몰아 핵심인물로 엄창록을 지목하고 부인과 가정부까지 중정으로 불려가 오랜 시간 조사를 받게 되었는데 이때 중정은 본격적으로 엄창록을 회유했다고 한다.

그 해 대선 때, 김대중이 '원래는 파평윤씨의 자손인데 어머니가 김해김씨에게 재가를 하면서 김해김씨로 성을 바꿨다'는 의문이 제기되어 김해김씨 대종회에 참석

했던 김대중이 '파평윤씨는 가라.'는 수모를 당했는데 그것도 엄창록의 전략이라는 후일담이 있다.

그리고 지역감정 자극이라는 대규모 공작이 벌어졌다.

영남지역 곳곳에 유인물이 뿌려지는데 그 내용이 '호남인이여~ 단결하라! 총칼에 뺏긴 대통령, 호남인의 단결로 뺏어 오자.' 등 영남 사람들이 어떤 생각을 할지는 뻔한 것이다.

엄창록은 1970년대에 필요했던 인물이긴 하지만, 이제 네거티브만으로 승부를 거는 후보는 파멸을 면치 못하는 시대인 것을 모든 후보는 알아야 한다.

제7장

선거 전략

Ⅰ. 선거 전략 수립의 기준

선거운동 전략을 어떤 내용과 방법으로 수립해야 한다고 모두를 제안하기는 힘들다.

다만 선거 전략 수립에 참고해야 할 것들을 정확히 분석하여 전략 수립을 하는 것이 최선이라고 감히 단언을 한다.

1. 선거 전략 수립 시 참고사항

1) 첫째, 후보자의 경쟁력이 어느 정도인지 알아야 하고,

2) 둘째, 공천 받은 정당과 지역정서와의 상관관계를 계산해야 하고,

3) 셋째, 선출직의 규모에 맞는 전략이 되어야 하고,

4) 넷째, 선거구도가 양자대결이냐, 삼자대결이냐, 다자구도냐에 따라 선거 전략이 달라져야 하고,

5) 다섯째, 선거지역이 도시지역과 도농복합지역, 그리고 농어촌지역의 생활여건을 감안해야 하고,

6) 여섯째, 경쟁후보의 경쟁력과 선거 전략을 알고 대응해야 하고,

7) 일곱째, 유권자의 정서와 수준에 맞는 전략을 수립해야 한다.

※ 효율적인 선거 전략이란?

- 여론의 흐름을 바꿀 수 있어야 한다.
- 유권자의 시각을 바꿀 수 있어야 한다.
- 단시간에 후보자 이미지 제고에 영향을 미칠 수 있어야 한다.
- 선거자금과 시간을 절약할 수 있어야 한다.
- 따라서 선거를 승리로 이끌 수 있는 견인차 역할을 해야 한다.
- 선거 전략은 잘 쓰면 약이 되고 잘 못쓰면 독이 된다.

2. 전략은 선거운동의 내용과 방법이며 승패를 좌우하는 기본 요소이다.

1) 올바른 전략은 평범한 선거운동으로 이길 수 있지만 훌륭한 선거 전략이라도 방법과 시기가 그릇되면 실패한다.

2) 전략은 선거운동에 적용되어야 하지만 전략에 맞도록 선거운동을 하여서는 안 된다.

3) 후보자의 이력과 출마이유를 숙지하여야 지지해야 하는 이유를 설명할 수 있고 유권자의 공감을 얻을 수가 있다.

그래서 후보자와 선거사무원은 '이구동성'이 되도록 준비해야 한다.

4) 왜 이 일을 하는가?

무엇을 얻기 위해서인가?

이 일을 하지 않으면 어떻게 되는가?

일하는 방법은 적당한가?

등을 알고 선거운동을 해야 극적인 효과를 얻을 수 있다.

하라니까 한다면 최선을 다할 수가 없고 극적인 효과가 날 수가 없으며 경우에 따라서는 독이 될 수도 있다.

3. 필히 타이밍이 맞아야 한다.

1) 시간은 전반적인 전략의 핵심적인 요소이다.

논쟁거리(이슈)를 만들어라. 그러나 너무 빨리 쓰거나 늦게 쓰면 역효과가 나거나 효과가 반감된다.

2) 상황은 수시로 변한다. 상황에 따라 대처해야 한다.

3) 잘되고 있으면 그대로 진행해라.
새로운 것이 항상 좋은 것은 아니다.

4. 메시지를 분명하고 이해하기 쉽도록 한다.

1) 다수의 유권자의 수준을 파악하고 그 수준에 맞도록 한다.

2) 무슨 내용의 메시지이든 간에 누구나 분명히 알 수 있도록 한다.

5. 유권자의 수준을 과소평가하지 마라. 그러나 과대평가해서도 안 된다.

1) 유권자가 바보가 아니다. 그러나 올바른 결정을 내릴 만큼 충분한 자료와 정보를 갖고 있지 못한 유권자가 더 많다.

2) 정보를 얻는 것은 유권자의 몫이지만 정보제공은 후보자의 몫이다.

3) 후보자 개인의 정보를 유권자가 모르고 있다면 후보자와 선거운동원의 잘못이다.

6. 유권자들의 인식이 사실보다 더 중요한 판단의 기준이다.

1) 유권자가 느끼고 생각하는 것이 잘못된 정보에 의한 것이라도 사실보다 더 중요한 판단의 기준이 된다는 것을 알아야 한다.

2) 정확한 정보전달을 위해 선거운동을 하는 것이며 만약 시간이 없어 사실을 유권자에게 전달하기 어려울 때는, 억울하지만 시인을 하고 사과하는 것이 최선이다.

7. 후보자는 사회적 또는 정치적 논쟁거리(이슈)를 장악해야 한다.

1) 후보자가 이슈를 이해하도록 조언하여 이슈의 핵심을 선점하도록 한다.

2) 또한 이슈의 우선순위도 알고 있어야 한다.

8. 선거운동을 너무 복잡하게 만들지 마라.

'누가, 무엇을, 언제, 어디서, 어떻게, 누구에게, 선거운동을 할 것인가' 하는 것을 계획을 세워서 하면 된다.

9. 먼저 자기 지지기반을 확보하라.

1) 득표활동 계획표를 만들어서 주변 연고자들을 확실하게 지지자로 만들어라.

2) 득표요령을 적용하여 가까운 곳부터, 쉬운 곳부터, 많은 곳부터 단계별 선거운동이 효율적이다.

10. 적진의 영역을 침범한다고 두려워 마라. 적진의 영역은 없다.

선거구역과 유권자 모두가 선거운동의 대상이다. 문제는 접근방법과 유권자가 듣고 싶어 하는 말을 하고, 도움이 되는 말을 하고, 바라는 바를 해결해 주면 된다.

11. 후보자라는 반제품을 완제품으로 만드는 것이 참모의 사명이다.

12. 현존하는 조직을 최대한 활용하라.

한 표차로 승패가 갈린다고 생각하고 움직여야 한다.

13. 한 번 접촉했다고 해서 유권자가 그 말을 믿거나 지지표가 되어 준다고 착각해서는 안 된다.

1) 한 번이라도 유권자에게 지지를 부탁한 운동원이 없었기 때문에 찍어 준다.

2) 두 번씩이나 부탁했기 때문에 찍어 준다.

3) 세 번씩이나 부탁한건 유권자를 특별히 알아주기 때문이라고 생각하고 찍어 준다.

14. 실수에 당황하지 말고 침착하게 대처하라.

항상 생기는 것이 실수이다. 그러나 즉각 실수의 후유증을 최소로 줄이고 반복된 실수가 없도록 해야 한다.

15. 명함의 이름을 한글로 쓰되 유권자가 쉽게 기억할 수 있는 모양을 만들어 전파하라.

1) 즉각 기억할 수 있는 정보는 작은 호기심과 화젯거리로 전파되는 행동력을 낳는다.

2) 뉴스나 잘 알려진 이벤트, 또는 광고를 연상시키는 정보를 이용하라.

16. 경쟁자가 무엇을 하는지 항상 알아두고 대처하라.

1) 역지사지가 선거에서의 경쟁력이므로 현명하게 활용하여야 한다.

2) 경쟁자의 선거 전략은 우리의 선거 전략을 무력화시키기 위한 것이란 점을 알아야 한다.

3) 경쟁자의 입장이나 발언에 대해 무조건 반대를 할 필요는 없다. 찬성하는 것 때문에 유동표가 넘어 올 수도 있기 때문에 득과 실을 판단해서 대처해야 한다.

17. 부동표의 성향을 알아야 부동표를 잡을 수 있다.

- 저소득자는 먹고살기 바쁘고,
- 저학력자는 정치 수준이 낮고,

- 19~20대의 젊은 세대는 군복무 중이거나 대학재학 중이라 정치에 관심이 없고,
- 고령으로 거동이 불편하여 외출이 어렵거나 칩거를 일삼는 할머니들은 언제 선거를 하는지도 모르고,
- 선거구 내 최근 전입자 등은 지역실정에 어둡기 때문에, 부동표 성향이 많다.

1) 구전홍보(직, 간접 구전홍보 병행)로 부동표 성향 유권자에게 투표를 해야 하는 이유와 투표방향 제시를 하는 선거운동이 최선이다.

2) 확실히 지지를 결정한 유권자는 기권방지 대책을 세우고, 경쟁자 지지유권자는 기권을 유도하는 것도 선거운동 방법이다.

18. 시각적 상징성을 과소평가하지 마라.

선거에서의 후보자 배경의 상징성(정당의 로고, 색, 후보자의 공약 등 현수막)은 부동표나 유동표의 마음을 얻어 고정표로 흡수하는 데 역할을 한다.

19. 양자구도 이상일 때 경쟁자의 적이 반드시 아군은 아니다.

아군 외에는 모두가 적이지만 동맹가능성도 생각해 봐야 한다.

Ⅱ. 선거 전략기획 필요 기초자료 및 선거장비

후보자는 자신의 지역구에 대하여 잘 알고 있다는 편견을 갖고 있어 체험적 경험에 의존하려는 경향이 많다. 그러나 각종 통계데이터에 의존한 자료 분석으로 선거 전략 수립을 해야 하는 이유는 선거 전략을 세울 수 있는 중요한 기초자료이기 때문이며 승리를 예견할 수 있는 척도이다.

유권자의 의식이 다양화, 선진화되고 있고 요구 또한 지역에 따라 천차만별의 분류로 나누어져 있어 과학적이고 체계적인 접근이 필요하다.

1. 행정통계내용(시, 군, 구 통계연보에 내용 수록)

1) 광역시, 도, 시, 군, 구, 읍, 면, 동 단위의 인구분포

- 성별 : 남, 여
- 연령별 : 10세 단위로 나눔
- 직업별 : 공무원, 회사원, 자영업, 농수축산업, 임업, 제조업, 서비스업, CEO, 성직자 등
- 학력별 : 초, 중, 고, 대
- 주택현황 : 아파트, 연립주택, 단독주택
- 주거현황 : 자가, 전세, 월세, 무허가, 영세민 밀집촌
- 다성순별 : 동성동본 다성 순위, 지역별본관 집성촌
- 출신지역별 : 시, 도
- 재정자립도 : 선거구 내 시, 군, 구

- 공공기관 : 공무원 또는 준공무원 기관

2) 직능별 통계자료

- 일반기업체 : 공기업, 사기업, 학원, 임대업 등
- 서비스업체 : 이·미용업, 목욕탕, 당구장, 택시, 버스회사, 다방 주류, 음식업, 찜질방, 수선·수리업 등
- 외판업 : 화장품, 보험, 우유, 요구르트

3) 지역 환경

- 시장 : 5일장, 상설시장
- 도로 : 주도로, 간선망
- 편의시설 : 근린공원, 어린이 놀이터, 생활체육시설, 약수터 등
- 복지시설 : 탁아소, 노인정, 유아원, 여성회관
- 직능 및 관변단체, 자생단체 : 새마을, 자유총연맹, 바르게살기운동, 재향군인회, 청년회의소, 라이온스, 로타리, 해병전우회, 행정동우회, 경우회, 향우회, 종친회, 부녀회, 동호회 등

4) 최근 선거직종별 선거결과 통계

- 대통령 선거결과 : 지지정당 분석
- 국회의원 선거결과 : 지역별 투표성향 분석
- 지방자치 선거결과 : 정당선택투표유권자와 후보선택투표유권자의 비율 및 투표이유 분석

2. 선거장비의 첨단화

1) 사무실 준비물

- 컴퓨터 : 각종 통계자료수록, 홈페이지 운용, SNS 홍보, 각종 자료 검색
- 복사기 : 문서 및 기록물, 양식복사
- FAX : 긴급문서내용 전송, 수신
- 비디오, 카메라 : 각종 행사 및 선거법위반 감시, 증거자료 수집용
- 사무용품 : 집기, 비품, 소모품 일절
- 차량 : 후보자 이동용 차량, 수행 및 경호팀 차량, 유세차량 등

Ⅲ. 선거공약개발 참고사항

후보자의 공약은 당선된 후 지역과 지역구민의 이익을 위하여 공약한 내용을 현실화시키겠다는 약속이다.

단체장인 경우 "예비후보공약집"과 본 후보 "공약서"를 의무적으로 선관위에 제출해야 한다. 그러므로 유권자와 확실하게 약속해야 하는 제도적인 장치를 공직선거법에 명시해 놓았다.

공약내용에 따라 공약한 내용이 실현 가능성이 있는지?

재원은 어떻게 마련할 것인지?

지역과 주민의 이익 추구에 얼마나 부합하는지가 보장되어야 한다.

백화점식 공약을 지양하고 꼭 필요한 몇 가지로 승부를 거는 것이 좋다.

1. 선출직에 맞는 실현 가능한 공약이어야 한다.

시, 군, 구 의원 출마한 후보가 대단위 국책사업을 실현시키겠다고 공약한다면 유권자를 기만한다고 생각하여 유권자의 관심에서 제외될 수 있다.

2. 지역의 숙원사업이나 현안사업을 우선 해결하는 공약을 개발해야 한다.

지역의 숙원사업이나 현안사업을 뒤로 하고 새로운 공약을 발표하는 것은 지역실정을 잘 모른다는 것을 보여주는 것이며 발표한 공약마저 평가절하된다.

3. 작은 규모의 공약이라도 직접이나 간접으로 유권자와 이해관계가 성립되어야 한다.

유권자는 눈에 보이지 않거나 손에 잡히지 않는 공약에 대해서는 관심을 갖지 않는다.

4. 지역을 연계한 '창안공약'이어야 한다.

지역을 연계한 새로운 창안공약은 유권자를 설득할 수 있어야 하며 실현 가능하고 현실성이 있다는 유권자의 공감대가 형성되어서 공약의 가치를 인정받아야 그 공약에 투표하는 유권자가 있다.

5. 경쟁후보가 제시하지 못할 공약이어야 한다.

경쟁후보와 같은 내용을 공약으로 제시했다면 모방공약으로 낙인 찍히며 내용을 비교하여 차별화된 것도 없고 부실하다면 공약으로서 빛을

잃어 유권자의 관심 끌기에는 어려움이 있다. 그래도 공약으로 내세울 수밖에 없다면 공약으로 득표하는 것은 포기해야 한다.

6. 공약의 실현효과가 단기성이어야 한다.

공약에 대한 믿음은 있으나 언제 현실화될지 의문이간다면 '그림의 떡'처럼 평가절하되어 공약의 효과가 반감되거나 유권자의 관심에서 멀어진다.

그러므로 멀게는 임기 중에 사업을 착수할 수 있다는 구체적인 증거와 함께 실현 가능한 기간을 제시해야 한다.

7. 경쟁후보보다 먼저 구체화된 내용의 공약을 제시한다.

지역유권자의 관심이 집중될 수 있는 공약이 있다면 공약내용과 재원마련방법과 실행시기와 효과에 대해 구전홍보를 집중적으로 함으로써 공약의 최초발안자임을 기정사실로 인정받아 유권자의 지지를 받는다.

8. 백화점식 공약은 유권자를 헷갈리게 한다.

후보의 "홍보물"에 공약은 10가지 미만으로 하고, 후보자나 운동원이 주장할 수 있고 유권자가 외울 수 있는 주요공약은 3~5가지가 가장 적당한 숫자라고 한다.

'백화점식 메뉴가 있는 음식점에는 잘하는 음식이 없다.'고 한다.

확실하고 자신 있는 공약을 해야 한다. 다만 읍, 면, 동 별 민원성 내용은 현장방문 거리유세 때에 지역주민의 청원에 대한 공약을 약속하면 된다.

9. 정당공천 후보자는 정당으로부터 공약내용을 지원받도록 한다.

정당의 정강정책이나 정치, 경제, 사회, 문화에 대한 이슈에 대해 정당의 입장이 출마지역에 도움이 되는지 적격여부를 판단하여 정당의 도움을 받도록 한다.

Ⅳ. 선거에 영향을 미치는 각종 효과

1. 선인지 효과

유권자가 가장 먼저 인지한 후보를 특별히 변경할 이유가 없는 한 먼저 알게 된 후보를 지지하는 현상으로 후보자가 경쟁후보자보다 먼저 인지도를 높여야 하는 이유이다.

인지도가 높다고 지명도가 높은 것은 아니다.

2. 유명세 효과

유명 정치인, 스타연예인, 지역의 유지 등이 갖고 있는 유명세를 등에 업고 득표활동을 하면 단시간에 인지도와 지지도가 상승하는 경우가 있다.

어느 정도 상승의 한계는 있지만 박빙의 차이에서 득표에 도움이 된다면 당선에 기여하는 바가 크다. 다만, 도움을 주었던 유명인이 선거기간 중에 언행에 실수를 하여 사회에 물의를 일으키면 유권자에게 전파되어 지지도가 급락하는 경우도 있다.

3. 중앙정치 바람의 효과

1) 국민의 기대에 반하는 정부정책이나 대통령의 실정 또는 계층이나 지역에 대한 폄하발언 등과 추락하는 경제로 국민이 고통 받으면 야당에 유리한 바람이 분다.

2) 국제사회에서의 국가위상이 급등하거나 북한의 위협적 행동에 합리적인 대응과 보수층의 위협요소 제거 등은 여당에 유리한 바람이 분다.

4. 정당선택 프리미움 효과

1) 정당공천을 받은 후보는 다소의 차이는 있지만 정당선택 투표유권자의 표를 받는다.

2) 같은 당 공천을 받은 다른 직 후보의 지지유권자를 공유할 수도 있다.
- 유권자는 자기 스스로의 결정에 대해 합리화하려는 경향 때문에 투표에서도 일관성을 유지하려고 애쓴다.

5. 현직효과

현직에 있으면서 재선도전을 하는 후보자가 재직 중 결정적 과오가 없는 경우에 부동층 유권자의 선택1순위가 인지도가 높은 현직에 있는 후보이다. 그 이유는

첫째, 새로운 후보의 당선으로 발생할 변화에 대한 두려움으로 '구관이

명관'이라고 생각한다.

둘째, 재직 중 다양한 혜택을 받았다고 인정하는 유권자의 보은 차원의 심리가 작용한다.

셋째, 눈에 보이지 않고 법적으로 문제가 되지 않는 사전선거운동 기회가 부여될 수 있다는 것이다.

6. 후광효과

직계혈통인 선대가 유명정치인일 때 그 후광을 업고 출마하는 경우에 후보자의 결격사유가 없는 한, 선대의 후광으로 당선 가능성이 있다.

1) 직계혈통의 계승을 인정하고 '피'를 물려받았으니까 당연히 유능한 인물일 것이라 판단하고 지지한다.

2) 선대의 지지자들을 쉽게 흡수하며 선대에 대한 향수로 자원봉사로 활동을 해준다.

3) 인지도와 지명도를 쉽게 상승시킬 수 있다.

4) 유명정치인 또는 사회 유명인사의 자손이란 점은 정당공천 경쟁에서도 도움이 된다.

V. 선거이슈 전략

1. 선거이슈 효과

1) 선거이슈란 선거전에 돌입했을 때 가장 중요하게 제기되는 쟁점을 말한다.

2) 이슈전에서 우위를 점하는 것은 경쟁후보의 전력을 분산시키고 결집력을 파괴하는 효과가 있다.

2. 선거이슈의 선정 방법

1) 후보자가 중요하다고 판단되는 주제를 우선시하는 방법

2) 유권자가 중요하다고 판단되는 주제를 우선시하는 방법

3) 후보자의 강점을 활용하는 방법

4) 후보자의 약점을 고치거나 완화시키기 위하여 그 점을 이슈화하는 방법

3. 이슈 제기의 원칙

1) 이슈 제기의 최적기는 언제인가?

- 타이밍이 중요하다.
- 단계적·전략적 시행이 필요하다.

2) 이슈는 후보자에게 유리한 것인가?
- 후보자에게 유리한 이슈, 경쟁후보에 불리한 이슈를 제기해야 한다.

3) 유권자의 관심이 높은 이슈 내용인가?
- 유권자의 호응이 있는 이슈는 더 구체화하고 다양화함으로써 이슈 제기자로서 주권을 쥐는 것이 중요하다.

4) 구체화된 이슈인가?
- 각 지역의 계층에 따른 이슈를 구체화시켜야 한다.

5) 유권자의 뇌리에 남을 만한 상징성이 있는가?
- 상징성 있는 단어나 그림을 사용하면 한층 강도가 크다.

6) 이슈의 신뢰성은?
- 믿을 수 없는 이슈는 제기자에 역풍이 된다. 믿게 해야 한다.

4. 이슈 제기 후의 점검

1) 경쟁후보가 이슈에 반응하고 있는가? 역공의 조짐은 보이지 않는가?
- 빨리 제2의 이슈로 공세를 취하라.

2) 상대후보보다 강렬한 상징을 개발하여 계속 사용하고 있는가?

- 이슈가 강해지면 경쟁후보가 새로운 이슈 제기를 할 엄두도 못 내게 된다.

3) 경쟁후보가 새로운 이슈를 제기하지는 않는가?

- 새로운 이슈나 대응이슈가 나올 때 정면 대응 또는 무시할지의 판단이 필요하다.

5. 이슈 제기를 당한 입장에서의 대응

1) 정면 돌파 또는 우회할 것인지 새로운 이슈로 대응할 것인지 판단해야 한다.

2) 상대후보의 이슈가 강력할 때 이슈 모방 전략을 사용하라.

3) 상대방이 이슈를 제기한 직후 더 강력하고 유사한 이슈로 제압을 해버리는 것이 좋다.

4) '공격은 최대의 방어이다.' 선수를 쳐서 주도권을 장악하는 것이 중요하다.

5) 경쟁후보가 후보자의 약점을 이슈로 이용할 조짐이 있으면 먼저 스스로 제기해서 희석하는 것이 좋다.

VI. 선거구 내의 전선 파악

선거구 내의 전선 파악은 선거운동을 어디서 중점적으로 할 것인지를 검토하여 순위를 정하는 것이다. 즉 효과적으로 인지도와 지지도를 상승시킬 수 있는 곳으로 1, 2, 3 전선에서의 승리는 전체선거의 승리를 의미한다.

1. 제1전선(거리유세 가능지역)

부동표와 유동인구가 많고 거리유세와 구전홍보 선거운동이 가능하고 지지분위기 제고 가능 지역으로 삼거리, 사거리, 상가 밀집지역, 재래시장, 유흥가 등이며 경쟁력 약한 후보와의 경합지역도 먼저 1전선으로 검토해볼 지역이다.

2. 제2전선

아군 강세지역으로 철저히 표를 지켜야 하는 지역이다.

3. 제3전선

경쟁후보가 우세한 지역으로 적진을 파고들어 무력화시켜야 하는 지역 또는 지지율이 양분되어 있는 지역이다.

1) 과거 치러진 2개 이상을 선정 '가장 최근 선거의 분석', '투표율', '선거운동 방법', '유사한 선거결과'를 선정

2) 성향이 비슷한 정당의 지지도는 합산하여 분석

3) 무소속 후보에 대한 분석(A, B, C 당과 성향이 겹치는 경우 파악)

4) 지역 간 유권자 숫자, 투표율, 인구밀도의 편차가 심할 때, 이 점을 감안하여

- 유권자수가 적더라도 투표율이 높거나,
- 다른 지역보다 유권자가 유난히 많거나,
- 인구 밀도가 유난히 높은 지역을 전선으로 설정해야 한다.

4. 재·보궐선거의 전선분석

투표율이 30%인 재·보궐선거는 후보의 강력지지자들이 많이 거주하는 지역이나 그들이 많이 분포되어 있는 지역이 제1전선이 된다.

재·보궐선거는 조직과 고정표 확보 싸움이다. 투표자의 80% 이상이 고정표 성향이다.

1) 재·보궐선거에서 낮은 투표율의 이유

- 유권자의 관심이 낮고,
- 선거일이 공휴일이 아니며,
- 기권에 대한 심리적 부담이 적기 때문이다.

2) 재·보궐선거에서의 선거운동 전략

- 사조직을 많이 만들어 고정표 확보에 주력
- 투표일까지 보호 관리하여 투표율 제고

5. 공략대상 타깃 설정의 조건

첫째, 여러 가지 속성이 후보자와 비슷해야 한다. 타깃의 분산된 표가 다른 후보로 가면 안 된다.

둘째, 여러 가지 속성은 비슷하나 지지강도가 약한 후보여야 한다.

셋째, 타깃의 공격으로 얻은 표와 후보의 표를 합하여 당선이 가능할 때

1위는 지키기 위해서

2위는 뒤집기 위해서

3위는 당선되기 위해서 해야 하는 전술이다.

1) 차별화 전술

후보와 타깃 간의 경쟁력 평가를 비교하여 자신의 장점과 타깃의 단점을 홍보하여 유권자의 관심을 갖도록 하고 비교우위 논리를 전개하여 유권자의 기대심리를 얻는 방법이다. 따라서 이슈에 대처하는 능력, 지역 현안과 숙원사업 해결 능력, 비전있는 공약의 실현 능력 등을 집중 부각한다.

2) 동일화 전술(Me Too)

상대후보가 차별화를 시도할 때 '그 정도 능력은 나도 있다.'를 보여 주어 상대후보를 무력화시키는 전술이나 따라한다는 것을 유권자가 눈치채지 못하도록 해야 한다.

3) 결정적 역할 전술

축구에서 11명이 맡은 바 역할을 해야 하지만, 골을 넣은 선수가 영웅이 되듯이 결정적 역할을 맡는 전술이나 기회포착을 잘해야 한다.

4) 야전포대는 전쟁터 밖에서 아군의 전쟁을 지원하듯이 선거구 밖에 있는 학, 혈, 지, 인연 등의 후원군들이 선거구 안의 연고자들에게 네거티브를 강력히 전개해 주거나 동시에 지지자 확보를 전개해 주는 전술을 필히 전개해야 한다.

Ⅶ. 지지세 우위 확보 전략

1. 강세 전략

지지도 1위를 기정사실화하여 유동표나 부동표 유입효과를 보기 위한 전략이다.

유동표나 부동표는 자신의 사표방지를 위해 당선 가능성 높은 후보에게 기표한다.

2. 선거구 장악 전략

출마를 위해 오랫동안 인지도를 높이고 따라서 고정표를 많이 확보해 놓아 승, 패가 확실한 것으로 분위기를 잡아 믿음을 갖도록 하는 전략이다.

3. 함정 전략

경쟁후보를 함정에 빠트려 그의 이미지를 손상시키는 방법이다.

이 방법을 성공하려면

첫째, 상대후보가 전혀 예측을 못해야 한다.

둘째, 미끼가 좋아야 주저 없이 선택을 하고, 함정이었는지도 모른다.

셋째, 극적 효과를 위해 시기선택을 잘해야 한다.

4. 일거리 제공 전략

선거운동에 전념하지 못하게 문제를 제기하여 시달리게 하되 '손 안대고 코푸는 방법'으로 해야 한다.

5. 연합 전략(제휴 전략)

지지도에서 2위인 후보가 2위 이하인 후보조직과 지지자를 흡수함으로써 지지세 우위확보를 하는 전략이다. 그러나 성향이 비슷한 후보가 아니면 제휴하더라도 조직이나 지지자 흡수가 미지수이다.

6. 표 분산 전략

경쟁후보의 표를 나누어 가질 수 있는 정치배경이 비슷한 후보를 출마하도록 하는 전략이다.

이 경우

첫째, 경쟁후보의 표를 가장 확실하게 삭감시킨다.

둘째, 경쟁후보의 지지자들이 필승의 신념이 무너지면서 결집력을 약화시킨다.

Ⅷ. 선거캠페인 방향설정

타깃(경쟁후보)을 공격함으로써 지지율을 떨어지게 할 것이냐? 자신의 장점 이미지 홍보에 주력할 것이냐? 아니면 경쟁후보의 약점을 공격하면서 자신의 장점을 홍보하는 전략을 구사할 것이냐에 대해 먼저 방향설정을 하여야 한다.

1. 공격형 캠페인(Negative Campaign)

경쟁후보를 면밀히 분석하여 약점을 공격하여 지지율이 떨어지도록 하는 전략이다.

어느 선거에서나 이 방법이 많이 애용되고 있는데 다음의 효과가 있기 때문이다.

- 방어형 캠페인보다 공격형 캠페인이 비용도 덜 들고 효과도 높기 때문이다.
- 유권자는 장점보다 약점이라고 할 수 있는 비방내용이나 험담을 더 잘 기억하고 빠르게 확산되므로 지지자가 빠르게 감소된다.
- 공격이 성공적일 때 경쟁후보는 엉뚱한 일에 인력과 시간을 소모하기 때문에 선거에 전념하지 못한다.
- 표가 분산되면서 표가 유입되면 한 표는 계산상 두 표의 효력을 낸다.

주의할 점은

- 비방내용이 정말 쇼킹(Shocking)해야 한다.
- 네거티브를 자주, 많이 사용하면 시간이 갈수록 유권자로부터 공격자가 외면 받을 수 있다.

- 허위비방은 선거법 위반이므로 근거 없는 내용이거나 '카더라' 수준의 비방은 금해야 한다.
- 동정심을 유발시킬 수 있는 내용은 비방자의 감표 요인이 된다.

2. 방어형 캠페인(Positive Campaign)

자신의 장점과 실행 능력을 유권자에게 알리고 당선되면 지역주민들에게 어떻게 부응할 것이며 어떤 유무형의 이익을 줄 수 있는지를 알리는 캠페인이다.

자기 중심형 캠페인은

첫째, 경쟁후보에게 네거티브할 수 있는 내용이 별로 없을 때, 네거티브 캠페인을 무리하게 전개했다가 역풍을 맞을 가능성이 높을 때

둘째, 경쟁후보의 약점이 후보의 경우와 별 차이가 없을 때

셋째, 후보의 지지도가 경쟁후보보다 월등히 앞서 있을 때

선택해야 하는 캠페인이다.

3. 공·방형 캠페인(Negative-Positive Campaign)

경쟁후보의 약점을 공격하면서 자신의 장점을 선전하는 전략이다.

4. 공격형 캠페인 대응 방법

공격도 중요하지만 경쟁후보의 공략에 어떻게 대응하느냐도 매우 중요하다. 경쟁후보의 공략에 적절하게 대응하지 못해 패배하는 것이 선거다. 불시에 전혀 예상치 못한 내용으로 공격해 오면 확실한 증거자료

가 있어도 방어 자세를 취하는 중에 선거는 끝나 버린다. 아무리 대응을 잘 한다 해도 타격을 입게 마련이다. 미리 후환을 없애는 것이 최선의 방법이다.

첫째, 경쟁후보의 네거티브 캠페인 내용이 사실과 다를 때 즉각 사실 증거를 가지고 역공을 하는 방법이다.

반격에 성공했을 때(유권자가 허위사실내용을 인지했을 때), 경쟁후보는 유권자로부터 외면당하게 되고 '허위사실 유포' 혐의로 제소 당할 수 있다.

둘째, 공격이 최대의 방어라는 말과 같이 더 큰 약점으로 공격하여 경쟁후보가 방어에 골몰하게 만들고 유권자의 관심을 상대후보에게 돌려 자신의 약점을 희석시킨다.

셋째, 변명의 여지가 없을 때는 사실임을 인정하고 빨리 사과하는 것이 최선이다. 아니라고 우기다가 사실이 판명되면 믿음까지 잃는 결과를 초래하여 필패의 결과가 되기 때문이며 사실을 인정하여 유권자의 의구심과 관심이 증폭되지 않도록 하며 사안에 따라 '살다보면 그럴 수도 있지' 라는 동정심 유발 가능성도 있다.

넷째, 무대응으로 경쟁후보의 비판을 무시한다.

- 선거에 미치는 영향이 미미할 때 파괴력이 없는 비판은 시간낭비와 유권자의 조소거리가 된다.
- 대응에 골몰하면 시간낭비에 경쟁후보의 인지도와 지명도만 상승시킬 때
- 이미 알려진 사실일 때와 대응할수록 손해가 클 때이다.[5)]

5) 김학량, 『선거전략 기획을 위한 선거공학론』(서울: 캠스트, 2009), pp.51~66 참조

네 번째 선거 이야기

'돌아온 남대천 연어' 민선 초대 강원도지사

강릉 출신으로 강릉상고와 서울상대를 졸업하고 1956년 7회 행정고시에 합격한 뒤 줄곧 재무부, 경제기획원 등에서 일해 왔으며 1975년에는 농수산부장관, 1977년 상공부장관, 1991년 25대 부총리 겸 경제기획원장관을 역임했고, 또 13대 국회의원(강릉) 등 화려한 경력의 정치인이다.

1995년 6월 초대 광역단체장 선거에 최각규 씨가 '자유민주연합의 후보로 강원도지사에 출마한다.'며 지인을 통해 필자에게 승산을 물어 왔다.

"부총리까지 지내신 분이 도지사 출마를 하느냐?" 했더니, 자민련 후보로 전 11대, 12대 강릉지역 국회의원을 역임한 선배인 지인을 당에 추천을 하여 당 총재와 인사까지 시켰는데, 하루 만에 민주당 후보를 선택하여 자민련이 후보를 내기가 어려워지자, 당 총재의 지명공천을 받아 어쩔 수 없이 출마해야 한다는 사연을 듣고, 그러면 삼자구도가 될 것으로 보고 판세분석을 하여 선거 전략을 구상해 보겠다고 지원약속을 하게 되었다.

강원도는 춘천권, 원주권, 강릉권의 3개 권역으로 나누어지는데 3개 권역의 유권자 분포는 강릉이 제일 많고, 다음이 춘천, 그리고 원주권이였다.

선거구도는 현 도지사가 민자당 후보로 춘천이 연고이며, 2선의원 출신인 민주당 후보는 강릉 출신이며, 자민련의 후보도 강릉 출신이라서 강릉권 표가 분산이 되겠지만 워낙 상품차이가 나니 '99%의 순금을 두고 녹이 시뻘건 쇠를 선택할 유권자는 별로 없다.'는 확신이 있었다.

그러면 캐스팅보트 지역은 원주이니 선거 제1전선은 원주이고, 제2전선은 텃밭인 강릉이며, 제3전선은 춘천권이 되는 것이었다.

그리고 춘천과 강릉의 가운데에 위치한 곳도 원주이니, 당연히 선거캠프는 원주에 설치해야 한다는 계산이 나왔다.

화려한 정치경력만으로도 순도 99%의 순금(純金)이 되어 있어 도금을 하지 않아도 훌륭한 상품으로 인정받을 수 있고, 선거참모들이 포장(후보자 이미지 메이킹)만 잘 하는 전략을 구상하면 된다고 판단하였다.

이에 대한 전략으로서,

유권자의 믿음을 얻을 수 있는 케치프레이즈(살맛나는 강원건설!)와 '천혜의 관광자원의 보고'인 강원도이지만 "구슬이 서 말이라도 꿰어야 보배"이듯, "자민련 후보가 구슬을 꿰는 일을 하겠다."고 약속을 하고, 시, 군 방문 유세 때에는 "'치어로 넓은 바다로 나가서 세상물정 다 살펴보며 성장하여 알을 가득품고 귀향하는 남대천 연어'처럼, 자민련 후보가 마지막으로 고향 강원도를 위해 봉사할 수 있는 기회를 주십시오. 강원도의 미래는 여러분의 선택에 달렸습니다."라며, 18개 시, 군의 읍·면·동까지 방문하여 유권자를 직접 만나서 손잡아주는 일로 표 줍기를 하면, 신생정당인 자민련 후보지만 충분히 당선될 수 있다는 판세분석 결과가 나왔다.

후보 등록일 날, 민주당 후보가 후보사퇴를 한다고 공식 기자회견을 하고 강릉의 집으로 가고 있다는 희소식이 접수되었는데도, 필자와 오찬을 같이 하던 자민련의 후보는 '자민련이 급조된 정당이라 시, 군 연락소장 정도의 빈약한 조직에 당원도 없고, 선거자금도 부족한데, 여당의 텃밭인 강원도에서 관권, 금권선거를 하는 여당을 이길 수 있겠는가?'라고 말하는데, 자신감을 잃은 듯 했다.

필자는 후보에게 "지금은 확실하게 6 대 4의 비율로 이길 수 있습니다. 필승의 신념을 가지시고 자신감을 보이십시오." 라고 주문하며 선거 캠페인을 전략적으로 진행하였다.

예상대로 선거결과는 65.8 : 34.2 비율의 압승으로 도지사에 당선되었다.

제8장

여론조사 전략

자체 여론조사(선거 전략의 기초자료)

효율적인 선거운동을 위해서는 과학적인 선거 전략의 수립이 무엇보다 중요하며 과학적인 선거 전략의 기초는 객관적이며 정확한 여론조사의 결과가 있어야 한다. 다만, 자체여론조사결과를 선거 전략의 기초자료로 이용하는 것 외에 출처와 근거 등 선거법 규정을 무시하고 외부에 유출하면 선거법 위반이다.

여론조사 방법은 대체로 네 가지 방법을 이용한다.

Ⅰ. 여론조사의 종류

1. 면접설문 청취조사

조사원이 조사대상자를 직접 면접하여 설문지를 제시하고 작성케 하거나 설문지 내용을 질의 응답케 하여 조사원이 설문지를 작성하는 방법의 조사를 말한다.

조사원의 객관성이 보장된다면 표본오차를 최소로 줄일 수 있다.

조사비용이 많이 소요되고 유권자의 호응도가 낮다.

2. 우편설문조사

조사내용이 수록된 설문지를 우편으로 조사대상자에게 보내 조사내용을 작성한 후 반송을 받는 조사방법을 말한다.

반송률이 낮고 조사기간이 오래 소요되므로 선거용 여론조사로는 부적합하다.

3. 전화 질의응답조사

표본추출된 일반전화에 전화를 걸어 조사대상에 해당되는지 확인하여 조사내용을 질의하여 조사하는 방법이다.

응답자가 직업이나 나이를 속여도 확인할 방법이 없다.

4. 자동전화(ARS) 질의응답조사

응답률이 많이 떨어지기도 하지만 시간과 비용이 저렴하여 가장 많이 사용하는 방법이나 조사결과에 대한 신뢰에 문제가 있기도 하다.

Ⅱ. 조사의 기본 문제

여론조사의 생명이라고 할 수 있는 조사측정의 신뢰성과 타당성, 그리고 객관성이 보장되어야 한다. 다시 말하면 양보다는 질이 우선되어야 한다는 것이다.

비용과 소요시간을 줄이기 위해 표본수를 너무 줄이고, 조사 자료의 시기 일실문제로 급하게 하다보면 유권자의 속마음이 반영되지 않으며, 응답률을 높이기 위해 조사원칙을 무시하고 응답자 숫자를 채우는 데 급급한 조사였다면 호기를 잡으려다 뼈아픈 위기를 맞을 수도 있기 때문이다.

1. 조사비용

(1) 우편설문조사가 가장 싸고

(2) 자동전화(ARS) 질의응답조사

(3) 전화 질의응답조사

(4) 면접설문 청취조사가 가장 비싸다.

2. 조사기간

(1) 자동전화(ARS) 질의응답조사가 가장 빠르고

(2) 전화 질의응답조사

(3) 우편설문조사

(4) 면접설문 청취조사가 가장 느리다.

3. 응답률

(1) 면접설문 청취조사가 가장 높고

(2) 전화 질의응답조사

(3) 자동전화(ARS) 질의응답조사

(4) 우편설문조사가 가장 낮다.

4. 자체조사

선거사무소에서 자체적으로 여론조사를 한다면 선거운동종사원을 이용하는 '면접설문 청취조사'와 전화홍보요원을 이용한 '전화 질의응답조사'를 할 수 있다.

이 중 '면접설문 청취조사' 방법을 이용하여 선거 전과 선거 초반에 조사하고 선거 중반에는 '전화 질의응답조사'를 하는 것이 좋다.

Ⅲ. 여론조사의 단계별 준비사항

1. 조사의 종류

1) **전수조사** : 선거구 내의 모집단(전체유권자)을 대상으로 조사하는 방법으로 인구센서스에 적용되나 선거여론조사에는 시간과 비용 문제로 적용하기 어렵다.
2) **표본조사** : 모집단(전체유권자) 중 표본수를 결정하고 추출하여 조사하는 방법이며 응답자 수만으로 '판세분석'을 하여 전략기획 기초자료로 쓴다.

2. 모집단의 기초자료

- 유권자의 읍, 면, 동별 분포수
- 남녀별, 연령별 : 10세, 20, 30, 40, 50, 60세 이상으로 분류

3. 표본조사수의 결정방법

- 총유권자수가 100,000명이라고 할 때 총유권자가 '모집단'이며 몇%의 표본을 추출할 것인지 결정한다.
- 표본을 0.5%로 결정했을 때 0.5/100,000는 500이며, 따라서 표본수는 500명이 된다.
- 500명의 표본을 남녀 구성비를 적용하여 남자 000명, 여자 000명으로 남녀별 표본수를 결정한다.
- 읍면동 유권자수가 10,000명일 때 0.5%는 50명의 표본수가 배정되고 남자가 4,800명이면 48%가 되고 표본수는 24명이 된다. 따라서 여자 5,200명은 52%이며, 표본수는 26명이 되는 것이다.
- 여론조사원이 층별 분류에 해당되는 조사대상자인지 필히 확인을 하고 조사를 해야 하며 직업별, 학력별, 연령별 등은 조사원이 조사를 하고 분류, 집계, 분석하여 선거 전략 기초자료로 쓰면 된다.
- 여론조사의 생명은 조사 시기, 방법, 그리고 내용이다.
- 출마할 직에 따라 조사내용과 규모가 달라져야 하겠지만, 선거 참모들이 조사자와 응답자 입장에서 다음의 여론조사 내용(안)을 참고하여 조사내용을 구성하고 검토하여 확정하는 것이 좋다.

IV. 여론조사의 진행과정별 주의사항

1. 조사의 흐름

사전 검토에 의해 충분히 객관적이고 문제해결에 적합한 설문을 구상하여야 한다.

1) 조사대상 확정

선거구 인구분포를 고려하여 층별에 따른 표본수를 결정하고 계통 추출이나 무작위 추출을 한다.

2) 질문지 내용 확정

선거구 내 여건과 적정여부 검토, 조사결과 취합 분석, 조사 자료를 취합하여 여론조사 분석전문가가 분석해야 정확한 조사결과를 알 수 있다.

3) 조사보고서 작성

여론조사 분석전문가의 조사보고서가 작성되면 그 내용을 바탕으로 선거 전략 수립에 참고한다.

2. 조사흐름의 단계별 주의할 점

1) 정확한 조사의 진행을 위해서는 지역특성을 정확히 파악하는 것이 필수이다.

2) 호별방문이나 전화 질의응답조사 시에 집에 있는 여성이나 노인들만이 조사에 응하게 되는 경우가 많게 된다.

층별로 나눠진 조사대상에 해당되지 않으면 조사해서는 안 된다.

3) 전화 질의응답조사 시에 사무실로 연결되었다면 선거구 내 유권자인지 여부를 반드시 확인하고 선거구 외 유권자는 조사에서 제외해야 한다.

4) 읍면동 단위지역의 유권자수가 너무 적어 지나치게 적은 수가 선정될 경우에 최소 샘플수를 배정하여 조사하고 추후 통계처리에서 가중치를 주어 계산할 수도 있다.

3. 설문 구성단계

설문의 구성은 조사 진행의 객관성을 좌우하는 매우 중요한 문제이다.

1) 응답자의 답을 유도하는 편향된 어귀를 사용해서는 안 된다.

2) 설문내용 자체의 객관성은 물론 앞뒤 설문의 구성에 따라서도 조사결과는 다를 수 있다.
예컨대, 이번 선거에서 000후보가 당선 가능성이 높다고 하는데 선생님 생각은 어떠십니까? 라는 질문은 응답자로 하여금 000후보를 당선 가능성이 높은 후보로 인정하도록 하고 답변을 요구하는 경우이다.

3) 심리적 부담을 주는 추측성, 감정적 질문을 해서는 안 된다.

4) 질문 내용을 너무 많이 정하여 질문하면 응답자의 성의 있는 답변을 얻기가 어렵다.

4. 조사원 모집 및 교육 단계

1) 조사원은 최대한 객관적인 조사 진행을 수행할 수 있는 사람으로 선

발해야 한다.

2) 조사원 자체가 특정후보나 정당에 편향된 의견을 가지고 있다 하더라도 조사원의 주관을 개입하여서는 안 된다. 응답자들이 조사원의 정치적 성향에 영향을 받아 본의 아닌 답변을 할 수가 있기 때문이다.

3) 조사원 교육

조사목적, 조사방법, 조사지역, 조사대상자 면접 시 유의해야 할 사항, 조사 할당량 등 자료수집에 대한 객관적인 조사가 될 수 있도록 철저히 교육을 해야 한다.

4) 사전 테스트

설문지를 숙지토록 한 후 모의조사를 실시하여 조사원으로서의 자질을 확인한 후 이상이 없는 조사원은 본 조사에 투입한다.

5) 조사원수는 조사를 끝내야할 일정을 감안하여 선정하여야 하며 조사원 1인당 조사 할당량을 과도하게 책임 지워서도 안 된다.

5. 여론조사 시 유의사항

1) 질문사항을 최소로 줄일수록 좋다.

2) 학력과 고향은 응답자가 답변을 꺼리는 내용이다.

3) 조사원 소개와 어디서, 왜 조사를 하는지 이유를 충분히 이해시키는 것이 중요하다.

4) 조사가 끝나면 응답자에게 정중히 감사의 인사를 하는 예를 갖추어야 한다.

6. 실사의 진행 및 검증 단계

조사원들이 작성해온 설문지 응답 내용이 질문 내용에 부합하는지? 질문에 대해 조사가 잘 진행되었는지? 등을 살펴보고 에러가 많이 발생한 조사원이 있다면 그 조사원의 설문지 전체를 폐기하고 다른 조사원이 재조사를 하는 것이 좋다.

7. 여론조사 분석전문가의 자료집계 및 전산처리 단계

조사결과를 간단히 각 문항별로 응답률만을 살피고자 할 경우는 수작업이 가능하다. 그러나 수작업은 오류발생 가능성이 높고 시간이 오래 걸리며 인구 특성별 차이점을 파악하기 힘들다.

1) 컴퓨터를 이용한 통계분석을 위해서는 설문지의 응답을 부호화(코딩, Coding)하는 작업이 필요하다.

2) 개방식 설문으로 진행된 경우는 비슷한 응답 내용을 같은 번호로 부호화하여 컴퓨터에 입력한다.

3) 자료의 입력을 마친 후에는 코딩이나 펀칭 과정에서 발생 가능한 에러를 확인한 후 조사기획자가 필요로 하는 수준에 맞춰 분석변인들을 고려하여 교차분석 또는 기타 필요한 통계 처리작업에 들어간다.

8. 보고서 작성 단계

1) 선거의 여론조사는 시, 분, 초를 다투는 작업이므로 조사결과가 나오게 되면 일단 주요결과만이라도 통보해 주는 것이 좋다.

이 주요조사 결과표는 핵심조사 사항이나 지표에 대한 개요 정도만 담으면 된다.

2) 정밀보고서는 통계에 미숙한 사람들도 쉽게 이해할 수 있도록 도표뿐만 아니라 조사숫자와 분석내용과의 차이를 서술형으로 풀어서 작성하여야 한다.

3) 권고안이나 결론 부분에 조사 분석 보고자의 주관적 의견이 부분적으로 첨가될 수는 있으나 이 내용 또한 객관적인 조사결과가 뒷받침 해줄 수 있는 내용이어야 한다.

※ 여론조사 설문 내용(안)

문1. 이번 선거에 투표하시겠습니까?

1) 반드시 투표하겠다 2) 가능하면 투표하겠다

3) 아직 미정이다 4) 투표 안 하겠다

문2. 지난 선거에서는 다음 중 어느 후보에 투표하셨습니까?

1) 기호1 000당 000후보 2) 기호2 000당 000후보

3) 기호4 무소속 000후보 4) 지난 선거에 기권했음

※ 신규전입자는 전출지에서 투표 시 어느 당 후보에 기표했는지 물어 투표한 후보와 일치하는 정당기호를 기록하고 잘 모르면 무소속후보에 기입한다.

문2-1. 왜 그 후보에 기표하셨습니까?

1) 지지정당 후보라서 2) 사람이 마음에 들어서

3) 학연, 지연, 혈연, 인연으로 4) 지역 발전에 적임자라서

문3. 정당비례대표 투표는 어느 정당을 선택할 것인지?

1) 기호1 000당 2) 기호2 000당 3) 기호3 000당

4) 기호4 000당 5) 기호5 000당

문3-1. 그 정당을 지지하시는 이유는?

1) 내가 당원이니까 2) 우리지역 당이니까

3) 지인이 후보자라서 4) 지인의 권유로

문4. 현재 후보로 확정된 후보 중 아시는 분 한 명만 말씀해 주십시오.

1) A후보 000당　2) B후보 000당　3) C후보 000당

4) D후보 000당　5) E후보 무소속　6) F후보 무소속

문5. 출마한 후보 중 누구를 지지하십니까?

1) A후보 000당　2) B후보 000당　3) C후보 000당

4) D후보 000당　5) E후보 무소속　6) F후보 무소속

문5-1. 왜 그 후보를 지지하십니까?

1) 지지정당 후보　2) 높은 도덕성　3) 지역발전 기여 가능성

4) 학연, 지연, 혈연, 인연으로

문6. 현 지역에서 거주하신지는 얼마나 되셨는지?

1) 4년 이하　2) 4년 이상~8년 이하　3) 8년 이상~12년 이하

4) 12년 이상~16년 이하　5) 16년 이상

문7. 직업은?

1) 행정공무원 · 사무직　2) 경영CEO · 관리직　3) 기술직

4) 교육직　5) 일용근로직　6) 판매 · 서비스업

7) 자영업 · 상업 / 운수업　8) 군인 · 학생　9) 가사　10) 무직

문8. 고향은?

1) 서울　2) 경기도　3) 강원도　4) 제주도

5) 경상도　　6) 충청도　　7) 전라도　　8) 기타

문9. 가정의 월평균 소득은?

1) 100만 원 이하　2) 100~200만 원 이하　3) 200~300만 원 이하

4) 300~400만 원 이하　5) 400~500만 원 이하　6) 500만 원 이상

문10. 최종 학력은?

1) 초등 이하 졸　2) 중등 졸　3) 고등 졸　4) 대졸 이상

문11. 성별은?　1) 남자　2)여자

※ 11항은 조사원이 관찰하여 조사할 수도 있다.

- 선출직에 따라 설문 내용을 적절히 수정 보완해야 한다.

다섯 번째 선거 이야기

참여연대의 낙선운동

2000년 16대 총선 전, 당시 참여연대 사무처장을 맡고 있던 박원순(현 서울시장)의 아이디어로 400여개 시민단체들은 16대 총선을 앞두고 '총선 시민연대'를 결성해 86명의 낙선대상자 명단을 공개했고, 이 중 59명이 선거에서 실제로 낙선했다.

이때 민국당 후보 중 대다수의 후보가 낙선대상자였으며, 춘천의 한승수 후보만 당선이 되고 모조리 낙선의 고배를 마셔야 했다.

4년 뒤, 17대 총선에서도 총선시민연대가 낙천, 낙선운동이 선거법 위반이 아니라고 스스로 유권해석을 내리고 66명의 공천반대자 명단을 공개했지만 당시 길거리 홍보, 현수막 게시 등을 통해 낙선운동을 진행한 '총선시민연대'에 대해 법원은 공직선거법에 위반된다고 판결하여 50만원의 벌금을 부과하는 것으로 마무리했다.

특정인을 떨어뜨리겠다는 목적의 '네거티브 캠페인'의 효과를 측정할 수는 없다.

그러나 선거전문가 입장에서 보면 지역구도가 강고한 호남과 영남에서는 거의 영향을 줄 수 없었을 것이고, 기껏해야 수도권 일부지역에서 어차피 낙선 한계상황에 있는 몇몇 후보에게 약간의 타격을 주는 것으로 낙천, 낙선운동이 마무리되었을 것이라는 추측을 하는 것이다.

억울하면 소명을 하라며 장소를 알려주고 청문회하는 분위기로 소명자의 소명을 '증거자료가 있다.'고 인민재판하듯 일언지하에 무시하고 86명 중 한 명도 소명의 효과를 보지 못했다는 것은, 국민과 유권자를 무시한 월권행위라는 것도 부인하기 어려운 것이다.

국회의원의 주 직무내용이 국정에 관여하는 것이고, 246개 선거지역구에서 유권자의 표로 선출하는 것은 지역구마다의 실정을 감안하고 문제점을 국정에 반영하여 해결할 수 있도록 하여, 대한민국의 국민이라면 한 사람이라도 소외되거나 불평등한 대우를 받는 일이 없도록 하기 위해 지역안배 차원의 방법으로 봐야 한다.

또한 각 분야의 직능단체 대표(비례대표의원)의 선출은 국민의 삶의 질을 높이는 일에 누수되거나 중복되는 일이 없도록 정책 입안을 하기 위함이라고 하고 있다.

낙천, 낙선운동이 선거구역 유권자의 고유권한인 투표행위에 영향을 미치거나 낙선운동의 영향으로 민의를 왜곡할 수 있다고 한다면, 어떤 내용의 이유로도 선거구 외부의 시민단체나 자생단체의 공개적인 낙천, 낙선운동은 바람직한 운동이 아닌 것이다.

86명의 낙선운동대상자가 호남보다는 영남이 많고, 여당보다는 야당이 많고, 정말 억울한 후보가 있을 수도 있다면 해당 후보가 볼 때는 어떤 뒷배경의 사주에 의한 기획된 운동이라는 의심을 받아 마땅하다. 낙천, 낙선운동을 주도한 참여연대와 400여개 시민단체의 이해관계의 산물이라는 의심을 받을 수도 있고, 낙선운동에 관여했던 시민단체 간부가 17대와 18대, 그리고 19대 총선에 입후보하여 국회의원이 된 자들이 있기 때문에 이 운동을 주도한 몇몇 간부들이 낙선운동을 통해 스펙을 쌓고 제도권 진입을 시도하려는 의심을 받을 수도 있다는 것이다.

2012년 초에 시민단체들이 19대 총선을 50여일 앞두고, 한미FTA 국회 비준에 참여하거나 협상에 관여해온 여·야 의원 160명과 18대 국회예산안을 날치기한 의원을 대상으로 낙선운동을 진행하겠다고 천명한 바가 있고, 4대강 추진인사 30명 명단을 발표하고 4대강사업 비리에 대해 국정조사할 것을 촉구했다.

정치청년단체 '노타이(No~Ties)'는 한미무역협정(FTA)과 관련해 자신의 말을 바꾼 국회의원들을 상대로 낙선운동을 할 것이라고 공언했다.

특히 노무현 대통령 시절, 국정의 책임지도부로 참여해 한미FTA를 타결시킨 일등 공신(한명숙, 문제인, 김진표, 정동영, 유시민 등)이라며 사익을 위해 자기들의 발언과 행위조차 뒤집는 행태에 책임을 묻겠다는 것이었다.

또, 당파의 이익을 위해 국익을 외면하고 국가와 국가가 맺은 협정을 헌신짝처럼 버리는 '한미FTA에 대해 말 바꾸기를 한 정치인'을 국가와 정치, 국민의 신뢰를 망치는 정치인으로 규정하고 반드시 낙선시키겠다고 호언장담을 하였다.

두 종류의 낙선운동을 분석해 보면, FTA 비준에 참여하거나 반대한 의원 모두가 낙선운동의 대상이라는 것이며 이런 경우, 국민의 믿음으로 선출된 국회의원들을 허수아비로 만드는 것은 물론, 국론분열만 야기하는 것이다.

전국유통상인협회 소속회원들도 '대형마트 영업 허가제', '카드수수료 인하', '공정거래법 개정' 등 중소상인 보호와 육성을 위한 12개의 정책과제를 제시하고 이를 따르지 않는 후보들에 대해서는 낙선운동을 벌이겠다고 선언했었다.

이렇듯 낙선운동으로 후보들을 협박하고 실제로 어떤 방법이든 간에 낙선운동이 만연한 선거풍토가 된다면 선거분위기는 혼탁해진다는 것이다.

종교가 정치에 관여하지 않고, 시민단체가 중립적인 입장에서 사각지대의 문제를 해결하는 노력을 해야 하는 것이 진정 축제분위기의 선거풍토를 정착하는 것이 아닐까 생각해 봐야 한다.

제9장

선거운동원 교육 전략

선거운동원은 신(信), 충(忠), 의(義)를 바탕으로 필승의 신념과 사명감·책임감이 투철해야 하며 승리를 위해 한 치의 양보도 허용치 않겠다는 각오와 정신무장이 필수적이며, 기본 소양교육을 통해 정예화되어야 한다.

Ⅰ. 선거종사원의 10계명

1. 선거종사원의 명분을 수립하자.
2. 필승의 신념을 갖자.
3. 원칙을 숙지하여 효율성을 극대화하자.
4. 지역과 국가를 위해 최선을 다하자.
5. 능력에 맞는 책임량을 만들자.
6. 최전방의 병사임을 명심하자.
7. 주변 인연을 전우(戰友)로 포섭하자.
8. 이론, 실무의 전문가가 되자.
9. 개인적 이해관계를 생각하지 말자.

10. 승-패에 관계없이 화합을 위한 포용력을 갖자.

II. 선거와 전쟁의 공통점

선거는 전쟁과 유사하다. 궁극적 목표는 승리이기 때문이다.

1. 냉정하며, 양보는 없다.
2. 모든 무기는 총동원한다.
3. '지피지기 백전불태(知彼知己 百戰不殆)' : '적을 알고 나를 알면 백 번 싸워도 위태롭지 아니하다.'의 원칙을 적용한다.
4. 역지사지(易地思之)로 전략을 수립한다.
5. 운동원을 정예화, 체계화시킨다.
6. 첩보전과 권모술수(權謀術數)를 쓰며 법과 도덕을 초월한다.
7. 승자는 모든 것을 얻고, 패자는 모든 것을 잃는다.
8. 선거의 술어(術語)와 전쟁의 술어는 같다.

III. 후보자 신상에 대한 교육내용

1. 외형적 조건

1) 외모 : 수려한 외모와 착한 모습 그리고 지성미 등은 이성의 관심을 끈다.

2) 건강 : 건전한 정신, 건강한 신체

2. 능력적 조건

1) 학력 : 지적 수준의 척도로 이용

2) 경력 : 풍부한 경험은 이론을 뒷받침하고, 실수를 최소화한다.

3) 재력 : 비공개 내용(후보 등록 시 재산내역 제출)

3. 언행

1) 정직 : '언행상부 위지정인(言行相符 謂之正人)' : '말과 행동이 일치하는 사람은 바른 사람이다.'

2) 준법 : 법치국가에서 지도자의 준법은 타의 모범이 되어야 한다.

3) 애향심 : 출신지역을 소중히 여기며, 사랑하는 마음을 말과 행동으로 증명한다.

4) 책임감 : 맡은 일에 사명감을 갖고, 최선을 다한다.

4. 잠재된 조건

1) 정치철학 : 분명한 소신과 비전 기본

2) 포용력 : 금도(襟度)를 갖고 모든 사람을 포용할 수 있는 이해와 아량 중요

3) 인내력 : 목표성취를 위해 끈질긴 노력 필요

4) 지도력 : 리더십(많은 사람이 존경하고 따를 수 있는 지도력) 필수

5. 출마지역 연계 조건

1) 지연(출신지역) : 거주기간에 따라 지역 실정 파악 정도, 지역주민 협조요청 구실로 이용
2) 학연(출신학교) : 대학은 광역 시, 도지사 선거에 적용되며 초, 중, 고등학교는 기초단체장, 광역의원, 기초의원 선거에 적용
3) 혈연(동성동본) : 동성동본 집성촌이나 지역의 다수 성씨 가문의 영광! 으로 연결
4) 인연 : 주변 배경 인연 중 유명인 거론(정치적 인연과 사회적 인연)
5) 지역발전 기여도 : 지역구민의 공감이 가능한 기여도

6. 정치적 배경

1) 정당 : 후보자는 상품이라면, 정당은 점포이다.
정당을 믿도록 한다.
2) 정치경력 : 정치인은 정치적 경력이 훈장이다.
3) 전문성 : 정치적 학력과 비전에서 전문가적 소양을 갖추어야 한다.

7. 비교우위론으로 적격자론 전개

'왜? ○○○후보만이 적격자인가?' 에 대해 선출직과 지역 실정, 그리고 후보와 경쟁후보의 비교우위론을 개발하여, 유권자의 공감을 얻어내야 한다.

IV. 후보자 신상명세 내용 요약(선거운동원 참고사항)

홍보물 내용

1. 성명(한글, 한자, 본관) : 혈연
2. 출생지(제1고향, 제2고향) : 지연
3. 직업, 생년월일, 취미, 특기, 종교
4. 가족관계 : ① 배우자 성명, 생년월일, 직업, ② 자녀 성명(장남, 장녀)
5. 현주소
6. 주택 : ① 자가 ② 전세 ③ 월세
   주택 형태 : ① 단독주택, ② 빌라, 연립, ③ 아파트
7. 학력 : 학연
8. 경력 : 인연
9. 재력
10. 출마 이유 : 국가관, 정치소신, 지역기여, 정치적 배경, 비전, 공천 정당(무소속 경우 : 무소속 선택 이유)
11. 주요 공약
12. 상벌사항 : 수신제가 포함
13. 저서 : 지적 수준

※선거운동원이 후보자에 대해 이미지 메이킹을 하기 위해서는 신상내용을 많이 알아야 하며, 선거운동원이 필승의 신념을 가질 수 있는 근거자료가 되므로 사실대로 기록해야 한다.

V. 표의 종류

1. 고정표(평균 20%)

특정후보와 인간적 유대나 정치적 견해로 인해 끊을 수 없는 인연이 있는 유권자로 수단과 방법을 총동원해도 자기주장과 소신을 굽히지 않는 표이다.

2. 유동표(평균 30%)

뚜렷한 기준이 없이 한 후보를 마음에 두고 있었으나, 정치적 상황의 변동이나 지지후보의 이상언행에 대한 반감 또는 선거운동원의 끈질긴 설득으로 지지후보를 변경할 수도 있는 표이다.

3. 부동표(평균 50%)

나름대로 판단하기 어렵거나(저학력자), 정치에 별로 관심 없든가, 생계유지에 급급(저소득자), 또는 정신연령이 낮아 세상물정에 어둡거나, 전입한지 얼마 되지 않아 주변 사정에 정통치 못한 표 등이다.

사람, 돈, 시간의 가치는 다를 수 있지만, 표의 가치는 똑같다. 선거운동의 궁극적 목적은 당선이다.

당선을 위해서는 여타 후보보다 '많은 표'를 얻어야 하지만, 그렇다고 모든 유권자를 대상으로 득표활동을 전개하기에는 자금, 시간, 조직이 다소 미흡하다. 따라서 고정표, 유동표, 부동표를 파악하여 선거운동대상을 선별하여 득표활동을 하는 것이 능률적이고, 효과적인 결과를 얻을 수 있음을 강조한다.

※ 선거운동의 주대상은 부동표이다. 기권이 가장 많은 표도 부동표이다.

VI. 득표활동 3대원칙

1. 가까운 곳부터

혈연으로 관계된 유권자부터 명단을 작성하여 확실히 지지를 받도록 하고, 그들의 주변 연고 등의 명단을 작성하도록 하여 선거운동을 병행토록 도움을 받는다.

2. 쉬운 곳부터

전화 한 통화로도 지지를 받을 수 있는 학교 동창, 동문, 직장동료, 사업파트너(동업자), 거래처, 사회친구 등 인간관계가 잘 되어 있는 유권자를 파악하여 지지를 호소하여 득표한다.

3. 많은 곳부터

인간적 유대관계는 없지만 투망식 득표활동이 용이한 곳(아파트단지, 사회자생단체, 종친회, 집성촌 등)을 반복적으로 방문하여 지지 호소할 수 있는 곳을 파악, 철저하게 쇠뇌식 득표활동을 한다.

※ 선거운동 기간이 한정되어 있어 득표활동 요령을 숙지하여 계획적이고 체계적인 선거운동을 하여야 득표활동에 극적 효과를 도모할 수 있다.

VII. 득표활동 계획 수립(공조직)

1. 담당구역 설정
2. 가구주 및 세대 내 유권자 명단 입수
3. 담당구역 내 선거운동 동참 가능자를 색출하여 동지화

4. 유권자 성향분석(고정표, 유동표, 부동표) 분류

5. 세대별 득표활동 순위결정(득표활동 3대 원칙 적용)

6. 득표활동 방법 연구

- 후보자, 프로필(비교우위론 전개)
- 선거운동 대상 유권자 친 · 인척 친지 수배 활용
- 가정행사(경조사)에 참석, 축의금 및 조의금(선거법 허용범위 내)과 노력봉사로 표심잡기
- 담당구역 주변 운동원과 유기적 협조 득표활동, 상부상조

7. 확실히 포섭된 유권자라 하더라도 수시 동태 확인은 물론 투표장까지 철저 단속(기권방지 대책 수립)

- 유권자 마음을 사로잡는 언행(평소 지역구민과 인간적 유대를 맺어 놓는 게 좋다.)

※ 지역, 문화, 행사 및 개인 경조사 적극 참여

- 지역행사(관주도 체육행사, 동문체육대회, 향토제전, 바자회, 척사대회, 마을 윷놀이, 체육대회 등 행사)
- 관변행사, 직능단체 각종 모임, 연합대회, 새마을대회, 부녀대회
- 결혼, 회갑, 칠순, 생일, 돌, 효도관광, 조사, 각종 성씨의 시제
- 학연, 혈연, 지연보다 평소 개인적인 연을 맺어 두면 확실한 고정표화된다.

VIII. 선거운동원의 필승 행동강령

1. 필승의 신념을 가질 수 있도록 이유를 체계적으로 정립하라.

이길 수 있다는 신념이 있어야 적절한 전략을 구사할 수 있고, 유권자를 설득할 수도 있다. 이길 수 없는 선거를 열심히 할 운동원은 없다.

'우리는 틀림없이 이긴다. 이길 수 있다.'며 자신감을 가져라.

2. 작전에 만전을 기하라.

담당구역 안의 유권자 명단을 확보하고 유권자별 성향(고정표, 유동표, 부동표)을 분석하여 득표활동계획을 차질 없이 세워라. 선거운동은 부동표를 잡기 위하여 하는 것이다.

3. 인기를 표로 연결시키라.

이 후보는 우리지역에 이런 이유로 꼭 필요한 조건을 갖춘 완벽한 적격 후보다.

후보의 인기내용을 표로 연결되도록 하여 확실한 고정표가 되도록 하면 인기의 '도미노현상'이 일어날 수 있어 사각지대까지 침투한다.

4. 굴러다니는 표(부동표)를 선수 쳐서 잡아라.

선거 초반에는 부동표가 50% 이상이다. 주변에 너무나 많은 부동표가 있지만, 선수를 치지 않으면 경쟁자의 고정표가 된다. 담배를 살 때 담배가게 주인에게, 택시를 타면 택시운전기사에게, 이·미용실에서는 이·미용사에게 후보자 이미지를 홍보하고 도움을 청하라. 그들이 긍정적으로 받아들일 때, 그들도 자원봉사자가 될 수도 있다.

5. 지역의 유력인사에게 부탁하는 것만으로 득표가 되는 것은 아니다.

유력인사로부터 일반인들까지 지지후보를 좋아하게 만들어라. 뭔가 이익이 있어야 좋아하게 된다.

6. 득표활동은 발로서 하는 것이 최선이다.

'천리 길도 한걸음부터' 라는 말처럼, 발로 얻는 한 표, 한 표가 모여 태산이 된다. 발로 뛰는 운동원이 얼마나 있는가에 따라 낱알(표) 줍기를 성공적으로 할 수 있다.

7. 청년층과 여성표에 유의하라.

유권자의 반이 청년층이며, 유권자의 반이 여성이다. 그들의 관심사를 포착하여 공감대와 동질감을 형성하며 접근하라.

8. 연령층에 따라 투표성향이 다르다. 표 읽기에 정확을 기하라.

대체로 10~30대는 진보(개혁)성향이며, 40~50대는 진보, 중도, 보수가 공존하며, 60대 이상은 보수성향이 많다. 따라서 보수는 여당지지표이며, 진보는 야당지지표가 많다고 볼 수 있다.

9. 득표활동에 동참할 전우를 포섭하여 동화시켜라.

택시기사 이·미용업 종사자, 외판원 등은 유권자와 접하는 기회가 많으므로, 구전홍보를 통해 득표활동을 할 수 있는 최상의 위치에 있는 일꾼이다.

10. 후보의 찢어진 현수막과 떨어진 벽보 등을 발견 즉시 시정조치하는

열의를 가져라.

이런 정성이 모여 선거를 이기게 한다.

11. 유권자에게 먼저 후보를 알려라.

후보자에 대한 정치적 견해와 소신과 경력 등을 먼저 알리고, 시대와 지역 실정에 맞는 공약 및 실현 가능성과 효과 등을 논리적이고 합리적인 이론으로 무장하여, 이미지 메이킹을 하라.

12. 상대후보에 대한 노골적인 인신공격은 감표요인이 될 수 있다.

운동원이 타 후보의 인신공격을 노골적이고 직접적으로 거론할 경우, 그 내용이 사실에 근거한다 하더라도 득보다 실이 많다. 경쟁후보의 약점이나 단점에 대해서는 간접 구전홍보요원이 할 수 있는 역할이며, 사실에 근거한 비판 받을만한 내용은 유권자에게 빠른 속도로 알려지게 되어 있다.

13. 공은 후보자에게 돌려야 한다.

내가 한 일이라도 잘 된 일은 후보자의 배후조정의 공으로 돌리고, 잘못된 것은 자신의 잘못으로 돌리는 자세와 공손한 사죄로 이해를 구해 최소화시켜야 한다.

14. 위화감 조성은 금해야 한다.

출신지역, 학교, 성장배경, 직장 등을 거론하면서 으스대는 행동이나 폄하하는 발언을 하지 않아야 한다. 유권자의 주장을 수용하는 태도를 보여야 하며 이질감을 느끼지 않도록 하여야 한다.

15. 유권자를 자주 접촉하여 이해시킬 수 있을 때까지 설득하라.

유권자는 우편물로 받는 공보물보다 운동원으로부터 직접 듣는 내용에 더 신뢰를 갖는다.

IX. 구전홍보

1. 구전홍보

선거운동원이 구전을 통하여 지지후보와 경쟁후보의 비교우위론을 설명하고 출마에 대한 당위성과 후보 중 적격자임을 유권자가 인지하게 함으로써, 지지후보의 당선을 위한 분위기 조성이 형성되도록 하는 선거운동 방법이다(이 운동 방법은 법 위반과 부작용 등이 나타날 수 있으므로 채택 시 특별한 주의를 요하나, 하나의 선거운동 방법으로서 이 책에 소개한다).

2. 구전홍보의 종류

1) 직접 구전홍보

당원이나 유급운동원 자원봉사자, 후보자의 친인척, 동문 등이 후보자와의 관계를 노출시키거나 노출될 수밖에 없는 상황에서 유권자와 접촉하여 특정후보에 대한 지지를 호소하는 운동 방법이다. 평소 인간적 유대가 없던 유권자는 선거운동종사자의 권유를 쉽게 받아들이지 않는다. 때로는 유권자와의 논쟁에 휘말릴 수도 있고, 선거법 위반사례를 범할 수도 있다.

2) 간접 구전홍보

잘 교육된 구전홍보원들이 조원들끼리 대화나 질의응답이나 논쟁을 하면서, 후보자 중 누가 가장 지역에 필요한 후보자라는 합리적 판단을 내림으로써 주변 유권자에게 귀동냥을 시키는 방법으로 누구에게 투표해야 하는지 간접적으로 알려주는 선거운동방식이다.

간접 구전홍보운동은 네 가지 장점이 있으며, 선거지역 분위기 조성에는 최고의 효과가 있는 선거운동방식이다.

첫째, 조원끼리 대화를 하는 방법은 사전선거운동이나 위법에 해당하지 않는다.

둘째, 장소와 시간에 구애받지 않고 투표일에도 간접 구전홍보는 가능하다.

셋째, 귀동냥을 받은 유권자가 긍정적으로 평가하게 되면 자기의 개인적 견해로 정착시켜 주변연고자에게 자기주장을 펼치게 되므로 고정표가 되며, 선거운동원이 된다.

넷째, 선거구 내 유권자가 아니거나, 선거구 내 연고가 없는 사람도 간접 구전홍보요원이 될 수 있다.

3. 간접 구전홍보단 구성 및 활동요령 교육(안)

1) 목적

직접 구전홍보방식은 후보자와의 관계 설정(학연, 혈연, 지연, 당원, 유급운동원 등)이 되어 있는 노출된 선거운동원이라는 점에서, 유권자에게 신뢰를 얻기가 쉽지 않다.

예컨대, 음식점 종업원이 자기 소속음식점이 손님들의 입맛에 맞으며 친절하고 싸다고 아무리 아우성을 치며 주장해도 손님의 믿음을 얻기가 어렵다.

간접 구전홍보원은 객관적 입장에서 특정음식점에 가 봤더니 음식도 잘하고, 친절하며, 값도 저렴하고, 분위기도 좋고, 주차장도 넓고…, 라는 식의 이야기를 한다면, 어차피 음식점에 가야 하는 사람들이니 귀를 세우고 듣게 되어 있다.

일단 음식점 종업원이 아니라 같은 손님입장이라는 점에서 긍정적으로 받아들이게 된다. 부동표 성향의 유권자에게 간접적으로 귀동냥을 시켜 지지후보에 대한 긍정적 사고를 주입시켜줌으로써 극적인 홍보효과를 얻고자 하는 것이다.

2) 캠프 내 팀장 지정 및 임무

(1) 각조 홍보요령 교육과 조별 호칭 부여, 현장 투입장소 지정

(2) 각조 명단 확보, 간사와 연락 유지 또는 현장 접선

(3) 다음날 활동구역 지정 통보, 새로운 홍보내용 주지

(4) 활동보고사항 접수, 내용분석, 검토, 선거 전략에 활용 여부 결정

(5) 선거구 내 수시순회 간접 구전홍보에 따른 분위기 변화 정도 파악 분석

3) 조의 기본구성

(1) 구성인원 : 1조 5명이 적당함. 조원 중 간사(조장) 1명 선정

(2) 간사의 역할 : 캠프 내 팀장과 연락유지 및 홍보현장 여건에 따라 조원을 적당히 분산 배치한다.

(3) 조원 분산 운용방법 : 2명 1조, 3명 1조, 4명 1조, 5명 1조로 분류

4) 조원 분산배치 장소의 예

(1) 2명 1조 : 버스정류장, 분식집, 김밥, 떡볶이, 이·미용원, 목욕탕 휴게실, 포장마차(소형) 등

(2) 3명 1조 : 일반음식점, 찜질방, 등산코스, 공원, 약수터 등

(3) 4명 1조 : 다방, 당구장, 포장마차(대형), 주점 등

(4) 5명 1조 : 대형주점, 야시장 등

4. 구전홍보 요령

1) 대화식

불특정 지역유권자 옆에서 들을 수 있는 정도의 소리로, 홍보요원들끼리 대화를 통해, 지역 실정에 맞고 지역을 위해 열심히 일할 수 있는 힘과 열정을 가진 후보가 누군가 하는 것을 간접적으로 정보를 제공하는 방식이며, 조용한 분위기에서 3~5명의 유권자가 있는 장소에서 하는 것이 용이하다(2~3명 1조 적절).

2) 질의응답식

정보에 어두운 듯한 요원이 묻고, 그에 대답하는 요원이 정보를 제공하고, 또 한 요원은 반론도 제공하면서 지지후보가 적임자로 판단되도록 결론을 내리는 방식이다(3~4명 1조 적절).

3) 논쟁식

지지하는 후보가 다른 듯한 요원끼리 서로의 지지자의 경쟁력을 내세워 논쟁을 벌이면서 목적한 지지후보가 당선되어야 하는 이유를 논리적으로 설명하고, 논쟁을 벌이던 다른 요원이 수긍을 하고 동조하는 것으로 결론을 내리는 방식이다(4~5명 1조 적절).

5. 홍보요원 활동지침 및 숙지사항

1) 각조 일일 담당구역 내 홍보대상지역 사전 숙지(간사는 지도 지참)

2) 매일 담당구역 교체

'동'에서 '서'로, '남'에서 '북'으로 담당구역을 옮겨 유권자에게 노출되지 않도록 한다.

3) 담당구역 순회활동 중 다른 조를 우연히 상면하게 되더라도 아는 척해서는 안 된다.

4) 경쟁후보 쪽 운동원이나 강력지지자와 대립 또는 마찰은 기술적으로 피한다.

5) 사고 유발 시 신속히 대처하고 캠프팀장에게 연락하여 지시를 받는다.

6) 담당구역 순회 중 형성되어 있는 여론과 경쟁후보의 운동원들의 특이한 운동 방법과 내용이 접수되면 캠프팀장에게 보고한다.

7) 활동 중 애로사항 건의

6. 준비물

1) 관내지도 – 관내 상세지도를 준비하여 지도 양면에 투명 선팅비닐로 코팅하여 훼손을 최소화한다.

2) 선거구 내 구역을 세분화(동별)하여 표시하고, 구역별 부호를 부여한다.

3) 각 조마다 지도를 조장에게 배부하고, 조장은 항상 지도를 지참하며, 담당구역 지리를 익힌다.

여섯 번째 선거 이야기

보선에 출마한 청문회 스타

1998년 2월 말의 어느 날, 오전에 김동주 전 의원으로부터 집으로 전화가 왔고, 만날 일이 있으니 점심이나 같이 하자고 여의도로 오라 하였다.

만나자는 내용이 부산의 해운·기장(을) 국회의원 보궐선거에 출마하니 도와달라는 부탁을 하며, 김기재(전 행자부장관) 의원이 그해 6·2지방선거에 한나라당 부산시장 후보로 출마하기 위해 지역구 국회의원직을 사직하면 공석이 되어 보궐선거를 한다는 것이었다.

필자가 12대 국회 입법보좌관으로 근무할 때, 신민당 의원 중에 김동주라는 이름을 가진 의원이 있다는 것 정도로 별로 관심이 없었는데, 13대 국회에서 5공화국 비리 국정조사에서 재선된 김동주 의원이 청문회스타 1위(2위는 노무현 의원)로 전국의 정치스타로 부상했을 때와 '수서택지개발 비리사건'에서 정태수로부터 3천만 원 뇌물수수 사건으로 구속될 때에 청문회스타가 비리사건에 연루(連累)되어 구속된다는 것에 격세지감(隔世之感)을 느낀 정도였다.

15대 대통령선거 선거대책본부 직능위원회에서 김동주 전 의원이 직능위원장으로 임명되어 필자의 상사가 되었지만, 선거기간 내내 위원장과 상면할 기회도 없이 선거는 끝나버렸다.

여의도에서 만난 것이 첫 대면인데, 방배동 집에 '손님 데리고 갈 터이니 김치해서 밥 먹게 된장찌개나 끓여 준비해 놓으라.'고 했다면서 필자를 집으로 안내했는데, 105평 빌라(시가 17억)에 식당이 따로 있고, 8명 정도 앉을 수 있는 긴 식탁에 불고기, 갈비, 대형 갈치, 잡채 등으로 식탁을 가득 메워 사람 기죽이려는 것 같아 은근히 불쾌한 마음이 들어 식욕이 뚝 떨어져 버렸다.

"구형! 몇 년생이요?"

"46년생 개띠지요."

"여~봐! 이리 와 봐라. 구형이 46년생이란다. 내가 44년생이니까 두 살 차이인데,

난 와 이리 늙어 보이노"

"당신은 나라 걱정 때문에 노심초사하다 보니 겉늙은 거 아이겠나?"

그런데 어디선가 간간히 들려오는 기침소리가 있어 식사를 마치고 집을 나와 김동주에게 "집에 환자가 있느냐?"고 물었더니 "어머니가 노환으로 거동이 불편하여 집에 모시고 있다."고 하였다.

지방선거가 있는 해의 국회의원 보궐선거는 지방선거 투표일 후 50일 지난 첫 번째 수요일이니 아직 시간이 있었다.

"부산에서 한나라당 공천이 아니면 당선 가능성이 없을 것 같은데 공천 받는 일이나 열심히 하라."고 하고 헤어졌다.

그리고 3월 중순쯤,

"어머니가 운명하시어 삼성의료원에 있다. 문상객들이 정치권 사람들이 많으니 구형이 조의금 접수에 안내담당을 맡아 도와 달라."

"언제 운명하셨는가요?"

"어제 저녁에 연락 받고 급히 상경하게 되었다."

삼성의료원에 가서 조의금 접수 업무를 맡고 있다가, 다음날 새벽에 부산시 기장군 기장읍 연화리 장지를 따라가게 되었고, 그곳에서 주민들로부터 김동주에 대한 여러 가지 불리한 소문과 이미지 평을 들을 수 있었다.

신문에 김기재 의원이 부산시장 출마를 위해 의원직을 사직했다는 보도를 보고, 국회의원 보궐선거 57일 전에 부산기장으로 향했다. 한 달여를 해운대, 기장군의 지리와 지역정서를 익히기 위해서였다.

더운 초여름에 버스를 타고, 택시를 타고, 도보로 기장군 읍, 면 곳곳을 돌아다니고 해운대 달맞이 고개를 수없이 다니면서 관공서, 이·미용업소, 노인정, 빈민촌, 버스정류장, 공원, 목욕탕, 유명한 음식점, 재래시장과 기장군 기장읍에 있는 일반인 출입금지구역인 신앙촌 마을까지 명단을 만들고 도면에 표시를 했다.

그리고 강원도 말씨를 부산 말씨로 열흘 만에 확 바꿀 수 있었던 것은 필자의 원산지가 '대구'라는 것이 도움이 된 것이다.

또한 주민등록을 기장으로 이전하여 유권자의 선거권을 취득하고 배타적인 지역 출신 선거조직과의 거리감을 없앨 수 있었다.

지방자치선거가 끝나고 국회의원 보궐선거가 유권자들이 관심을 가질 쯤에 이미 공동여당인 자민련 후보로 확정된 김동주 후보는 공동여당인 민주당 후보로 거론되던 지구당위원장을 출마 포기시켜 단일후보가 되었다.

유권자 분포

기장군 유권자는 65%이며 해운대구 중동 유권자는 35%

3자구도 확정

1. 한나라당 후보
2. 자민련 후보 김동주
3. 무소속 후보

후보자의 경쟁력 분석

* 한나라당 후보
- 경남 합천 출신
- 부산고등학교 졸업, 서울대 졸업
- 한나라당 공천 효과 : 한나라당은 부산지역 당으로 인정, 정당선택 투표유권자의 몰표 가능
- 14대 총선에 합천선거구 출마하여 낙선, 15대 총선에 부산 서구에 출마하여 낙선, 15대 해운대·기장(을) 보선 출마.
- 선거구 내 연고 없음, 지역 실정에 무지, 지역기반 부실
- 수입된 후보, 출마지역마다 '이곳에 뼈를 묻겠다.' 공약으로 '언행 불일치 노출'

* 자민련 후보 김동주
- 경남공고 졸업
- 11, 12대 국회의원
- 청문회 스타

– 자민련 공천 효과 : 힘 있는 여당, 지역의 미래 보장 가능
– 수서비리 연루 금품수수 구속, 의원직 상실
– 재산 형성과정 의혹
– 복잡한 가정사

* 무소속 후보
– 기장고등학교 졸업, 동국대학교 한의학과 6년 졸업
– 기장한의원 원장
– 민선 1기 전국 최연소 기초단체장 기장군수 역임
– 무소속으로 무당원 선거조직 취약

김동주 후보의 필승 선거 전략으로,

첫째, 표 분산 방지 작업의 효과
1. 무소속 출마 예정자인 해운대구 거주 건설업자를 출마포기시킨다.
2. 16대 총선에서 자민련의 전국구 후보 배정 조건으로 해운대구 선거 대책본부장에 임명한다.

둘째, 선거공약 효과
1. 기장–송정 간 4차선도로 즉시 착공. 선거기간 중 공사재개 공사비 3백 억 부산시 배정 (15대 총선에서 김기재 야당의원 당선으로 예산삭감이 되어 공사가 중지되었다고 함)
2. 도시가스(LNG) 시설공사 즉시 착공(도로공사와 병행 가능)
3. 그린벨트 5% 해제
4. 기장경찰서 신설. 지역 치안유지(금정경찰서에서 기장군 관리)
5. 상수도 공사 착공(타 지역에서 물을 운반 공급했음)

셋째, 간접 구전홍보단 운영 효과
1. 선거구 외 지역에서 150명 선발
2. 모 해수욕장에 집결 1박 2일간 간접선거운동 방법과 내용교육 후 실전 투입

3. 김동주 후보 낙선하면 기장군 숙원 및 현안사업 해결 불가, 어부들 투표 후 출항 호소, 투표율 제고

넷째, 김동주 후보의 합동유세 적응 효과
1. 원고 없이 선거공약 내용 연설
2. 경쟁후보에 대한 설득력 있는 네거티브 전개
3. 임종 시 고향을 살리고 애국하라는 어머니의 마지막 유언으로 유권자 감성 자극
4. 힘 있는 공동여당후보 지역발전 적임자에 투표 호소

다섯째, 지역출신 인사들의 선거지원
1. 기장출신 박태준 국무총리 겸 자민련총재의 인적 지원(포항제철 계열사 사장단 기장군 상주 선거지원)과 물적 지원(선거비용)
2. 지역출신 인사들과 운동원의 시가행진 이벤트로 세 과시와 필승 분위기 고조

선거결과, 전 국민의 예상을 깨고 김동주 자민련 후보가 부산에서 당선되었다.

PART 03

선거 캠프 운영

- 제10장 파트별 업무 FLOW
- 제11장 파트별 업무분장표

제10장

파트별 업무 FLOW

I. 조직구성(안) 체계도

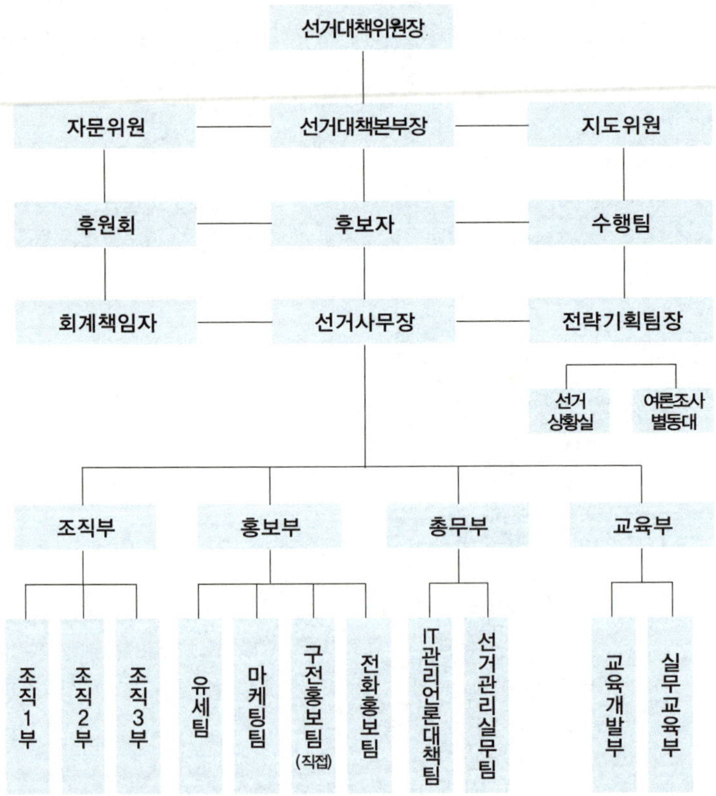

※선출직종별 조직구성 체계를 조정 운영할 수 있다.

Ⅱ. 선거기획 계획 수립

1. 선거구 상황 파악

1) 선거구

(1) 유권자의 규모(읍, 면, 동별 파악)

(2) 지역별 성향

- 아파트단지, 저소득층 밀집지역, 공단근로자 집단거주지역, 장애인 거주지역, 노인회, 경로당
- 명칭, 세대수, 자치회(번영회)

(3) 지역 정서의 파악

2) 후보자 및 정당

(1) 후보자의 득표력–고정표, 조직표, 유입표

(2) 정당의 득표력

(3) 당선을 위한 득표 목표량 설정

3) 경쟁자별 경쟁력 분석

(1) 후보자 및 정당의 경쟁력

(2) 후보자 및 정당의 지지도 점유율

(3) 후보자별 선거 전략상의 특이점

(4) 후보자와 유권자의 직거래 내용

4) 예비후보로서 마케팅 활동내용 및 유권자의 평가

(1) 후보자 이미지 및 활동방법 평가

(2) 후보자 및 소속 정당의 마케팅 내역에 대한 유권자 평가

2. 자금력 분석

1) 자금력에 대한 객관적 분석(소요 예상 자금 산출)

2) 선거 소요 예상 자금에 대한 동원력 및 운용 가능한 자금

3) 법정선거비용에 대한 현실성

3. 홍보 전략 수립

홍보의 목적은 후보자의 이미지(벽보, 공보물, 거리유세, 정당유세)를 유권자에게 홍보하여 득표율을 높이는 데 있다.

1) 마케팅 컨셉트(Concept)의 설정

(1) 마케팅 컨셉트 및 테마(theme)

(2) 후보자의 포지셔닝(positoning) 방향

2) 표적유권자 선정

(1) 1차 표적집단

(2) 2차 표적집단

3) 선거이슈 및 공약

(1) 선거공약의 개발

(2) 유권자의 관심, 화제성 우선순위로 재편

(3) 표적, 이익집단의 요구를 고려한 실현 가능한 공약 창출

(4) 단계별 이슈제기 전략 수립

4) 마케팅 전략 실행계획 수립

(1) 조직운영계획

- 공조직 운영계획
- 사조직 운영계획
- 자원봉사단 운영계획
- 별동대(구전홍보단) 운영계획

5) 선거운동 전략계획 수립

(1) 전략집단 선정

(2) 유세 계획

(3) 선거운동 일정 계획

(4) 후보자 일정 계획

(5) 선거운동원 일정 계획

4. 법정선거운동의 기간 전(예비후보 시) 준비사항

1) 선거체제 준비완료

(1) 전조직(선거사무원, 공조직, 사조직) 선거체제화

(2) 선거사무소 및 연락소 확보 및 구성

(3) 사무용 비품 및 선거구 관련 상세지도와 각종 도표 준비

2) 선거마케팅 기본계획 수립

(1) 지역구 분석

(2) 여론 분석

(3) 경쟁자 분석

(4) 기본이미지 메이킹 방향 설정

3) 각종 선거관련 기본자료 수집, 정리

(1) 인구 남녀별 유권자수, 부재자수, 명부 확보, 지역 현안자료

(2) 경쟁후보자 신상자료 수집, 경쟁력 분석

4) 조직의 임명 및 선정

(1) 선거사무장 및 선거사무원 임명

(2) 전략기획실장 선정 및 팀 구성

(3) 회계책임자 선정 및 팀 구성

(4) 각부 책임자 임명—조직, 홍보 등

(5) 업무분장(역할분담) 및 교육

5) 공조직 정비 점검

(1) 읍·면·동 책임자 임명—리 총책임자 선정 명부 작성

(2) 유세팀장—유세동원 책임자 선정

(3) 여성팀 및 청년팀 점검

(4) 유급운동원 업무배치안 및 자원봉사자 활용계획 수립

6) 권역별 거점 확보

(1) 후보자 관련 각종 단체 임원사무실, 친지 등 지인의 사무실 활용

(2) 이·미용원, 식당, 목욕탕, 다방, 주점, 복덕방 등 자영업소의 주인과 종업원을 거점으로 확보

(3) 거점과의 인간적 유대 강화, 친밀감 증대

(4) 자원봉사자화 유도

7) 사조직 구성원 확인 점검

(1) 사조직 활동방법 교육 완료

(2) 조직별 관리자 임명

(3) 선거운동원의 정신교육

8) 별동대(외곽조직)의 활동 교육

(1) 별동대의 간접 구전홍보 교육 및 대원 개별신상 파악

(2) 선거운동원의 자세 정신교육

5. 선거마케팅 계획 수립에 따른 조직의 단계별 업무내용

1) 선거대책위원장, 선거대책본부장

(1) 선거사무실 분위기 조성

(2) 후보자 부재 시 내방객 접대

(3) 민원접수 분석

(4) 참모회의에서의 의견 개진

2) 자문위원, 지도위원(비상근조직)

(1) 지역 여론동향 파악

(2) 상대후보의 강·약점 등 선거운동 방법의 특징 분석

(3) 상대후보의 적극지지자·운동원 파악

(4) 직계, 방계, 친인척, 친지 등 주변연고자를 설득, 고정표 확보에 주력

(5) 능력 있는 선거운동원이나 자원봉사자 선정 추천

3) 특별보좌단

(1) 지도위원, 자문위원과 같이 5가지 일을 한다.

(2) 각 부, 팀 담당 특보를 맡아 지도, 감독한다.

(3) 참모회의에서 담당부서의 업무계획, 진행결과 등을 보고 및 협의 한다.

제11장

파트별 업무분장표

Ⅰ. 후보자(후보배우자)

업무내용	세부사항	시기
1. 출마형태 확정 및 기본선거방향 결정	– 정당공천 여부 상관없이 출마 결심 – 선거조직 규모 및 자금 투여액 산정 확보 조치	선거 6개월전
2. 지역활동 개시	– 출마 기정사실화 작업 – 법정선거 운동일까지의 월계획표 및 일정표 작성 – 지역공식행사 친 · 인척 친지 등의 경조사 참석 – 지역 내 관청 기업체 사회단체 순방계획	선거 6개월전
3. 선거참모진 물색 확보	– 지방선거의 경우 후보자 난립으로 운동원 확보 어려움을 고려, 참모진 조기 확보해야 함	선거 6개월전
4. 선거마케팅 기본계획 수립	– 지역구분석(지지층분석+선거전선분석) –여론 분석 –경쟁예상자 분석	선거 6개월전
5. 종교활동 및 종교단체 방문	– 지방선거의 경우 후보자 난립으로 운동원 확보 어려움을 고려, 참모진 조기 확보해야 함	후보자가 시기 조정

업무내용	세부사항	시기
6. 예비후보등록	– 경쟁예상자 예비후보등록자 파악 – 예비후보등록자와 예비후보등록예상자 대비 경쟁력 분석	
7. 공개적인 선거운동	– 자신의 지지기반 대상부터 이미지 제고 선거운동 활동개시 – 지지자 중심의 선거운동원 선정 인맥 구성	
8. 일정표에 의한 지역구 순회방문	– 일일일정표에 의한 지역 내 단체방문 –저소득층, 소외계층 밀집지역 우선방문 –인지도 제고 위한 여론조성 가능 지역 주기적 방문(목욕탕, 등산로, 이 · 미용실, 노인정, 경로당, 장애인단체 등)	
9. 예비후보 사무실 확인	– 선거구역의 가장 중심지역 도로변에 사무실 확보	
10. 선거참모진 가동	– 참모회의 가동	
11. 개인유세 연습	– 유세문 작성 수정, 보완하여 후보자 및 배우자 연습	
12. 1일 50명 이상 지지요청 통화	– 일정계획 완료 후 귀가 저녁시간에 전화(친 · 인척, 친지, 연고, 선거운동원 명단의 적극지지자 등)	
13. 후보수행팀 구성 점검	– 인원수 0명 – 수행팀장 • 선거구 내 지리에 밝은가? • 주요인사의 얼굴을 알고 있는가? • 거부감을 주는 용모는 아닌가? • 신뢰할 수 있는가? • 순발력은 있는가?	
14. 공천결정 관내 주요기관 방문인사	– 주요 관청, 사회단체, 기업체 방문인사 읍, 면, 동사무소, 언론사	
15. 당 관계자 방문	– 주요당직자회의 참석 – 당직자 상견례 – 읍, 면, 동 순회방문 상견례	

업무내용	세부사항	시기
16. 공천경합자 방문 위로	– 경합자 위로 – 선거 협조요청	
17. 인지도 및 지지도 점검	– 1차 여론조사	
18. 경쟁후보 대비 경쟁력 점검	– 강점 · 약점 최종분석, 숙지	
19. 선거 전략 및 정책공약	– 이론화 및 숙지	
20. 언론담당자와 간담회 등 개최	– I.T관리 언론대책반 – 구전홍보반 활동 점검	
21. 대담토론회 준비 및 참석계획	– 라디오, TV	
22. 후보자토론회 준비 및 참석	– 질문안(후보별 분류) 작성 (예상질문에 대한 답변문안 작성) –사전 예행연습	
23. 선거참모, 조직책 연대 간담회 주최	– 실전준비 완료점검	
24. 기자회견 및 언론사 방문	– 기자회견, 출마의 변, 공약, 필승 전략 – 언론사 방문, 우호적 분위기 유도	
25. 자필 서신 발송	– 부재자 명부 확보	
26. 선거체제로의 전환	– 전조직의 선거체제화 – 선거사무소/연락소 업무준비 완료점검 – 선거비용 확보 확인	
27. 투표당일 계획	– 아침 일정, 투표장 순회, 낮시간 개표장 방문, 저녁 선대본부 일정, 기자회견	

※ 법정선거운동 개시일부터 후보와 후보배우자는 일정표에 의해 계획적으로 활동해야 함

Ⅱ. 수행팀

업무내용	세부사항	시기
1. 후보자 수행	– 후보자 신변보호 – 접견자의 신상, 약속, 민원사항 등 메모 – 일정표에 따른 후보자 안내 – 총무부로부터 후보자 익일 일정표 접수 – 참모회의에 일일수행결과 보고 (문제점 시정, 보완) – 사무실과 후보 간 연락유지(긴급상황 보고)	매일
2. 후보배우자 수행	– 후보배우자 신변보호 – 후보자 취약지역, 특별지역 순회 – 일정표에 따른 후보배우자 안내	매일

Ⅲ. 선거사무장(총무부)

업무내용	세부사항	시기
1. 선거수행 기본자료 수집정리	– 후보자등록서류 준비 – 선거사무원 등록서류 준비	
2. 민원접수팀 구성	–민원접수 전화 신설 –민원접수 양식 및 방법 교육 –민원내용 정책 반영	
3. 선거사무실 집기 비품 구입 비치	– 책 · 걸상, 전화, 컴퓨터, 복사기, FAX, 필기구 – 선거관련 상황판 제작(읍, 면, 동별 유권자, 남녀, 연령별 현황, 예상득표 현황 등) – 후보일정표 작성 전담요원 선정	
4. 선거관리위원회 관련 전담원 선정	– 선거법 숙지 교육 – 선거관리위원회와 행정업무 협조 – 선거법 문의 및 유권해석 요청	
5. 선거차량 확보	– 차량확보 및 운영계획	
6. 선거인명부 작성 및 입회인 신고	– 선거관리위원회	
7. 비용계획 확정	– 법정선거비용 지출계획 확정 – 후보등록기탁금 준비 – 일정별 계획에 따른 자금수급 계획	
8. 선거일정 관련 법적준비 완료	– 등록서류 최종점검 – 선거사무원 등록서류 점검	

업무내용	세부사항	시기
9. 선거조직책, 후보자 간담회 주재	– 참모, 선거조직책, 사조직 대상	
10. 후보자등록 신청	– 예비 후보자등록 신청 – 본 후보등록 신청	
11. 유권자명부 사본 교부신청	– 선관위에 교부신청 – 조직부에 인계	
12. 선거책임자 신고	– 선거사무장, 연락소장, 회계책임자, 사무원	
13. 선거사무실 현판식 개최	– 다과, 음료, 떡 제공 – 후보인사, 격려사 – 선거사무원, 공조직, 사조직, 별동대, 지역유지 초청	
14. 출정식 개최	–개최 이벤트로 세 과시, 필승분위기 고조	
15. 일일전략회의 주재, 중반 전략점검에 따른 방향 검토	– 오후 9시 이후 해당부서 참모 소집 참모회의(필요시) (참모와 각 부, 팀 책임자) – 활동지침 교육	매일
16. 투개표 준비, 투표당일 대책 참모회의	– 투개표 참관인 신고 – 인원별 업무분담, 투표소 및 개표소 지원 – 후보자 일정에 따른 언론대책	

Ⅳ. 회계책임자

업무내용	세부사항	시기
1. 선거비용계획 확정	– 선거기간 동안 운용 가능한 자금 및 자금동원력 판단 – 공직선거법 숙지 – 선거자금 지출 공정표 작성 – 법정선거비용 수지계획 수립 – 일정별 계획에 따른 자금수급장부 정리 –지출내역별 영수증 확보 –법정일전 지출비용 처리 –지출한계의 예비비 10% 이상 책정	
2. 선거관리위원회 회계장부 제출	–선거일 경과 후 선거비용 수입 · 지출 보고서(영수증 선거종료 후 첨부)를 선거관리위원회에 제출 –선관위 실사 대비	

V. 전략기획팀장, 상황실장

업무내용	세부사항	시기
1. 선거구 상황 파악	– 유권자의 규모 – 지역별 성향 분석(읍, 면, 동별) – 아파트단지, 저소득층 밀집지역, 공단근로자 집단거주지역, 재개발, 뉴타운, 농어촌지역 등 분류 – 지역정서의 파악(세대수, 유권자수, 입주자대표, 자치회대표, 노조위원장 등 연락전화번호 파악)	
2. 후보자 및 정당 분석	– 후보자의 경쟁력에 따른 득표력 – 정당의 득표력 분석	
3. 경쟁후보 분석	– 후보자별 경쟁력 분석 – 타깃 1명 결정(타깃이 여러 명이면 당선되기 어려움) – 후보자 및 정당의 지지도 점유율	
4. 유권자 심층 분석	1) 역대 선거자료 분석결과(선거구 동향 및 추이분석) – 정치적 성향 및 투표성향 – 예상투표율 – 한계득표율 2)선거구 실태 분석 – 경제, 환경, 사회, 문화, 교육, 교통 – 각종 단체/관청, 공공기관, 사회단체, 직능단체, 주요간부 명단, 전화번호 확보 – 각 단체의 조직력, 활동력 분석 3) 유권자 분석(읍, 면, 동별) – 규모, 성별, 연령별, 지역별 분석 – 신규 유입 및 전출인구 분석 4) 유권자의 생활환경에 따른 심리학적 분석 – 저소득층, 중산층, 상류층별 투표성향 분석 5) 이번 선거에 대한 유권자의 태도분석 – 선거에 대한 유권자의 관심 – 투표 참여 여부 – 유권자의 후보자 선택 내용 6) 정당 및 후보자에 대한 태도 분석 – 소속정당 및 후보자에 대한 인지도, 지지도, 지명도 – 이미지 평가 및 기타 태도 – 과거 선거에서의 투표 성향	

업무내용	세부사항	시기
	7) 선거구에 대한 관심사항 – 지역숙원사업, 현안사업에 대한 인지 여부 – 후보자에게 요구사항 8) 유권자의 후보자를 인지하는 매체 접촉 실태파악 – 선거벽보, 공보, 운동원, 주변여론 등 9) 유권자의 생활환경에 따른 실태 – 여가선용, 시간운용 10) 주거지역 환경 – 학교, 행정관청, 시장, 접근도로망	
5. 경쟁자 심층 분석	1) 예상경쟁자에 대한 1차 분석 – 장/단점 및 강/약점 후보로서의 단점 집중파악 – 예상선거 전략, 테마, 이슈내용 2) 득표력 분석 – 현재상황에서의 득표력 – 주요지지 지역과 계층 – 예상표적유권자 – 최대 최소 득표력, 가상상황 설정 판단 3) 소속정당이 경쟁후보자에게 주는 영향 – 중앙당 인적지원 내용 – 선거비용 지원 – 경쟁후보자 이미지 제고 분위기 조성 지원내역	
6. 후보자 분석	1) 후보자에 대한 신상자료 분석 경쟁후보와의 장/단점과 강/약점 파악 2) 경쟁자 대비 후보자 이미지 제고 방법 연구 3) 우리후보자의 득표력 분석 – 현 상황에서의 예상득표력 – 주요지지 지역 또는 계층 – 예상표적유권자 – 최대 · 최소득표력, 가상상황 설정 판단 – 소속정당이 후보자에게 주는 영향 중앙당 인적지원 내용 선거비용 지원 후보자 이미지 제고 분위기 조성지원 – 후보자 마케팅 파워 분석	

업무내용	세부사항	시기
	4) 표 분석 – 고정표 : 절대 변하지 않는 최상의 지지표 – 조직표 : 조직의 선거운동으로 얻어지는 표 – 지지표 : 학 · 혈 · 지 · 인연, 사업상 이해관계 등의 표 안정성과 윤곽이 뚜렷한 표 – 부동표 : 각종 홍보매체를 통해 후보를 결정 유입되는 표 – 반대표 : 경쟁후보자와 그 외 후보자의 표, 부동의 고정표 – 기권표 : 정치 무관심, 불만(일부 부동표의 투표 포기)	
7. 강·약점 및 기회요소 연구	1) 기회요소 포착, 연구, 활용방안 연구 2) 위협요소 포착, 연구 대응책 마련	
8. 마케팅 목표 설정	1) 당선을 위한 목표득표율 – 최대득표율%, 표 – 최소득표율%, 표 ※지역별, 계층별 득표목표 설정(표적집단과 연계)	
9. 표적유권자 선정	1) 1차표적집단 선정 포섭전략 수립 2) 2차표적집단 선정 포섭전략 수립 ※컨셉트 테스트에 의한 확인	
10. 단계별 전략 수립	1) 법정선거운동기간 초기단계 2) 법정선거운동기간 중기단계 3) 법정선거운동기간 말기단계 ※법정선거운동시작일에서 초기 5일, 후 중기 5일, 후 말기	
11. 선거이슈 및 공약개발	1) 선거공약의 확정 2) 유권자의 관심도에 따라 순위 결정 3) 표적집단, 이익집단을 고려한 공약 창출 4) 단계별 이슈제기 전략	
12. 구전홍보 별동대 활동 방법 계획 수립	1) 홍보단의 활동방법 및 내용과 지역에 대한 세부계획 수립 2) 간접 구전홍보단 교육내용 입안 (선거운동원 교육내용 참조)	

업무내용	세부사항	시기
13. 각종 행사이벤트	1) 각종 행사진행 시나리오 작성 및 소요예산 산정 2) 이벤트 계획 수립	수시
14. 선거상황실 상황판 내용 설정	1) 상황실 종합상황판 내용 선별 2) 상황실장과 협의내용 배치 협의 3) 제작 협조	사무실 개소시
15. 여론조사 (1차, 2차, 3차)	1) 전화여론조사 – 여론조사 전문가의 조사기획 필요 – 전화홍보팀 활용, 교육 – 정당, 후보, 인지도, 지명도, 동향파악 가능 내용 – 조사내용 분석(전략자료로 이용)	

VI. 홍보부

업무내용	세부사항	시기
1. 팀 구성	1) 광고책임자 선정 및 팀 구성(대행사 선정 시 책임자만 선정) 2) 이벤트기획팀 구성, 마케팅팀 구성 (전략기획팀과 협조) 3) 전화홍보팀 구성-조직부와 협조 4) 유세팀(스피치라이터) 구성 5) I.T관리, 언론대책팀 구성	
2. 후보 이미지 제고 계획 수립	1) 후보자 이미지 메이킹 설정 2) 홍보 요소 분야별 계획	
3.후보자 사진촬영	1) 전속 사진사 확보 – 실외 사진 위주 후보자 동행 촬영 (공보제작용) – 벽보용 사진촬영(스튜디오촬영)	
4. 역대 홍보물 수집	1) 선거구역 내 각종 선거홍보물 수집 참고	
5. 의정활동보고회 계획 (현역만 해당)	1) 의정보고회 일정, 장소, 참석대상 선정 – 의정보고회 홍보물 제작	

업무내용	세부사항	시기
6. 후보자의 이미지 제고 지지세 확보를 위한 활동내용	1) 단체 그룹별 면담 인사 2) 구전 가능지역 매일 순회활동 계획 (목욕탕, 이·미용소, 산행로, 약수터 등)	
7. 현직 경력 삽입 명함 제작	1) 후보자의 최근사진 촬영, 스냅사진 활용 2) 최종학교, 경력, 약력, 출마예상직 등 삽입	
8. 권역별 읍, 면, 동별 홍보거점 파악 확보	1) 이·미용업소, 버스정류장, 목욕탕, 병원, 다방, 노인정, 경로당, 어린이놀이터, 공원, 재래시장 등 다중이 모이는 곳을 중심섹터화 2) 전화번호부 해체 권역집단별 분리	
9. 후보 추천 및 공천대회 행사개최	1) 행사 시나리오 작성-기획실과 협조 2) 현수막 등 행사장 내외 장식물 점검 3) 장소선정 협의 완료 4) 후보수락 연설문 점검 – 후보와 사전연설 예행연습 5) 행사 전 이벤트계획 점검	
10. 홍보물 제작, 예비후보 공약집, 후보공약서 (단체장후보 해당)	1) 법적 허용 홍보물 규모 결정 2) 아이디어 회의 – 도안, 글자크기, 내용, 배치 등 3) 광고대행사와 협의 – 제작물 시안 결정, 제작완료일 계약	
11. 후보 개인 유세장소 선점 사전 답사	1) 유세장소 답사 – 선거구 내 유세장소 네트워크 지도표시 번호 부여 – 일일 순회코스 계획표 작성 2) 지역별 공약 세분화 – 민원, 지역숙원사업, 현안사업정리 (실현 가능한 내용, 단기간에 효과가 날 수 있는 사업 선정) 3) 지역별 부착홍보물 크기, 부착 위치 점검 – 지역숙원사업, 현안사업 해결 내용 명시 4) 유명 인사, 지역유지 참석 및 찬조 유세 지원인사 섭외 – 지역별 참석가능자, 찬조유세 가능자 선별 명단 작성 보관	

업무내용	세부사항	시기
12. 현수막 부착장소 점검	1) 현수막 부착장소 현지답사 – 사진촬영, 위치약도 – 현수막 부착 신고(선착순 신고) ※같은 위치에 겹칠 경우 선신고자에 허가됨	
13. 전화홍보요원 선발	1) 시나리오 준비 2) 홍보요원 면접 적격여부 심사 선별 채용 – 표준말 또는 해당지역 말씨를 쓰는지? – 친절하고 전화홍보 유경험자인가? 3) 홍보내용, 방법교육–교육부와 협의 4) 홍보대상자, 전화번호부 확보 5) 전화홍보실 준비–칸막이, 전화설치	
14. 구전홍보팀 가동	1) 직접 구전홍보팀 가동 – 활동장소 확인 및 유권자와 직접대화 – 후보와 비교우위론 전개 – 필승 확신 낙관론, 대세몰이	
15. 홍보물 점검 및 제작	1) 각종 홍보물의 최종안 확정 제작 돌입 – 정당후보자의 경우 기호 확정 인쇄 돌입	
16. 지역별, 유세종류별, 유세문안 확정 예행연습	1) 유세문안 확정 리허설 2) 비디오촬영 녹화 후 점검 – 목소리의 고 · 저, 자세, 제스처 교정	
17. 출마확정 기자회견 준비	1) 기자회견문 작성 2) 기자회견 시 예상대담내용 준비 3) 각 언론사에 후보자 신상명세서 배포 – 출마 변, 이미지 제고 내용	
18. TV 및 라디오 토론 준비	1) 후보자 간 토론 – 예상질문에 대한 답변내용 작성 숙지 – 상대 후보자별 질문내용 작성 2) 일반토론 – 정치, 사회, 문화, 교육, 이슈내용 파악 – 선거구 내 이슈 파악–공약과 연계	

업무내용	세부사항	시기
19. 전화홍보 가동	1) 선거구 내 전화번호부 해체 – 홍보요원에게 분담 – 선거기간 내 2회 이상 전화통보 2) 당원, 선거운동원, 공·사조직, 지지 결정자 명단 확보, 초기 감사전화 – 먼저 고정표 지키기 우선책	
20. PC 홍보가동	1) 인터넷 개설–대화방 오픈	
21. 경력방송 원고 제출	1) 경력방송 원고 해당후보자 제출	
22. 법정홍보물 1차 제출	1) 홍보물 점검–선거벽보 공보	
23. 현수막 게첨	1) 게첨 위치 확인 점검(선관위 검인 후 게첨)	
24. 선거마케팅 계획 중간 점검	1) 후보자의 인지도, 지명도 점검 – 정당의 선호도 – 읍, 면, 동별 점검, 미비점 보완, 마케팅 계획 수정	
25. 정당개인연설회 개최	1) 장소 선정 2) 연설회 고지벽보 확인 3) 연설원 확정	
26. 유세장/개인유세 대세몰이	1) 대세몰이 이벤트 계획 수립 – 필승분위기 고조 참석가능인원 총동원 2) 장소 선정 – 1, 2, 3차 장소 선정 – 장소별 1회 이상 대세몰이 이벤트 필요	
27. 법정홍보물 2차 제출	1) 홍보물 점검 – 현수막 점검 교체 – 공보 전단형	

업무내용	세부사항	시기
28. 선거공약 점검	1) 지역 실정과 부합여부 2) 단기간에 효과가 발생할 수 있는 공약인가? 3) 유권자의 관심이 집중될 수 있는 실현 가능한 내용인가? 4) 이해가 대립되는 사항은 아닌가? 5) 발표시점에 극적 효과가 있겠는가? 6) 표적집단과 이익집단의 요구를 고려한 공약인가? 7) 경쟁후보의 공약과 비슷한 내용은 아닌가? 8) 중점공략의 경우 후보자의 이미지와 맞는가?	
29. 분위기 고조 위한 촉진계획	1) 텔레마케팅 계획 2) PC통신 운영계획 3) TV토론회 후보자 간 토론회 4) 각종 선거 이벤트 운영계획 5) 당보 특별판 배포(당원용 중앙당 홍보물) (후보자 홍보내용 수록)	

Ⅶ. 조직부

업무내용	세부사항	시기
1. 선거조직 정비	1) 읍, 면, 동 책임자 관리내용 – 유세동원 책임자 선정(참관자) – 선거당일 투개표구 책임자 선정(동반책임자 선정) – 조직원 운영의 효율성 제고를 위한 다양화 방안 연구 2) 청년팀, 여성팀 중점관리 – 청년팀 : 청년조직 관리 – 여성팀 : 여성조직 관리 3) 비공식 조직팀 : 직능, 학·혈연, 종교	
2. 유급운동원	유급운동원 – 활동내용교육 – 활동장소 배치 계획	

업무내용	세부사항	시기
3. 자원봉사자 팀 운영	1) 1차 자원봉사단 운영팀 구성 2) 자원봉사단 활용 및 인력운영 계획 수립 3) 2차 자원봉사자 확보 방법 – 후보자 및 배우자의 친지, 동문, 친우, 동호인, 소속직능 사회단체의 회원 및 그 자녀 – 청년조직 구성 시 후보자와 참모진 자녀와 그 친구들 포섭 활용	
4. 조직 1차점검 및 신규 조직책 선정 보완	1) 조직의 효율적 구성 점검 – 필요 조직의 확대 인원충원 – 사고 조직의 보완	
5. 사조직 구성원 정비 점검 및 세력화 방안	1) 사조직별 대표선임 및 정례회의 – 사조직 대표단회의 정례화로 유기적 협조체제 방안 모색 – 공조직과의 업무협조 체계화 2) 지속적인 회원 확보 – 당원 배가운동 전개, 자원봉사자 모집 확대	
6. 선거 실무 조직 인선 마무리 작업 업무분장	1) 선거대책위원장, 본부장, 사무장, 회계, 총무, 기획, 각 부서장, 사무원 등 2) 업무분장 중복 누수 방지, 실무교육	
7. 선거조직 가동 현장 조직	1) 지역별 정책 공약 결정 및 선거운동지침서 작성 – 지역별, 조직별, 사람별 선거준비 교육 2) 운동원 교육 – 운동원의 정예화, 체계화 – 운동원으로서의 사명감, 책임감, 정신교육	
8. 당원의 소집단화 추진	1) 읍, 면, 동별 투표구별 책임자 중심 후보자 공개 여론화 작업 전개(인지도 제고) – 당원중심 사랑방 좌담회 – 결속력 강화 방안 모색	
9. 청년기동대 구성	1) 불법선거 활동 감시 및 이벤트 업무 부여 2) 유사시 비상출동 대기	
10. 지역별 거점 확보 (직접) 구전홍보팀 가동	1) 구전홍보팀 거점 확보 상시 구전홍보 – 이미지 제고 및 여론 확산	

업무내용	세부사항	시기
11. 별동대(간접) 구전 홍보팀 가동	1) 운동원 색깔 탈피 - 객관적 판단내용 전개 중요 - 별동대 활동 별도 교육	
12. 자원봉사단 활동 시작	1) 선거운동요령 교육 2) 활동지역 배정-장소 점검 및 도면 지급 ※버스정류장, 전철역, 도로변, 주택가, 상가, 찜질방, 재래시장, 5일장, 공원, 노인정, 경로당 등 지역적 특성 고려	
13. 유권자명부 해체	1) 지역별 유권자 명부 읍, 면, 동책에 지급 - 유권자 성향 분석 : 부동, 유동, 고정표, - 고정표 확보방안 수립 (선거운동 대상자는 부동표 성향 유권자임을 유념)	
14. 사조직단 본격 가동	1) 대중이 많이 모이는 장소 중심 거점 순회- 구전홍보 시작, 부동표 설득작업 2) 공조직과의 연대 협력방안 구체화	
15. 전 조직원 가동 종반 계획 수립 실시	1) 전조직의 선거체계화 가동 2) 지역별 인적자원 최종점검 및 독려 3) 자원봉사자 및 당원 모집 독려 4) 자원봉사자 집체교육/역할분담 교육 5) 상근조직의 확충 및 교육 6) 운동원의 실전 배치 7) 부녀자, 여론조성팀 가동 8) 운동원 활동 점검확인 문제점 개선	
16. 선거인명부 열람	1) 지지자의 누락여부 확인 2) 통, 리, 반 책임자와 정밀성향 분석	
17. 청년이벤트팀 최종점검	1) 리허설 및 도상 훈련, 교육 - 여론동향 파악내용 교육	
18. 유세팀 최종점검	1) 정당후보연설회 2) 공개장소에서의 연설대담	
19. 구전홍보팀 순회활동 가동	1) 순회장소 확인 및 가동 - 연고자 우선대상 - 대화식의 후보와 비교우위를 설명 - 필승 대세몰이 부동표 흡수	

업무내용	세부사항	시기
20. 청년기동반 적극 가동	1) 타 후보 선거부정 감시 2) 이벤트 집중 실시 3) 여론동향 파악	
21. 사조직의 득표활동	1) 연고자 및 지지 확정자 최종 표 단속 계획 실시 2) 투표 독려 및 투표장 같이 가기 전개	
22. 투표당일전략 시행	1) 여론몰이팀 독려 2) 지역유지 언론 주도층	

Ⅷ. 교육부

업무내용	세부사항	시기
1. 피교육대상자 교육계획 수립일자, 시간, 장소 사전예고	1) 교육내용 – 통합선거법 기본내용 주지(공통사항) – 선거운동 방법 – 정신교육(충성심, 책임감, 사명감, 필승신념)	
2. 교육대상 별도 교육 공조직 교육	1) 선거사무원 실무교육 2) 당원 유기적 협조 교육 3) 유급운동원 활동영역, 실무내용, 활동방법 교육 4) 자원봉사자 구전홍보단(별동대) 특별교육 – 간접 홍보 방법 – 조별 인원 및 호칭 부여 – 담당구역 배정 5) 청년 이벤트팀 교육 – 업무내용 활동 장소 6) 여성부 활동방법 교육	
3. 전체 선거운동종사자 지도 감독	– 선거구 내 순회미비점 보완, 지도, 감독, 재교육	

승리의 깃발을 세워라!

선거전략의 진수

별첨부록

부록 1

• 「공직선거법」 주요 개정 내용

부록 2

• 법정 선거홍보물 제작

부록 1

「공직선거법」 주요 개정 내용[6]

(선거운동 관련 규정 중심으로)

Ⅰ. 정보통신망 이용 선거운동 확대

1. 선거일을 제외한 정보통신망 등 이용 선거운동 상시 허용

1) 인터넷 홈페이지를 이용한 선거운동(법 제59조)

누구든지 선거일이 아닌 때에 인터넷 홈페이지 또는 그 게시판·대화방 등에 선거운동 정보에 관한 글이나 동영상 등 게시 가능.

2) 전자우편을 이용한 선거운동(법 제59조)

- 누구든지 선거일이 아닌 때에 전자우편(컴퓨터 이용자끼리 문자·음성·화상 또는 동영상 등의 정보를 주고받은 통신시스템을 말함. 이하 같음)을 전송하는 방법으로의 선거운동 가능
- 전송대행업체에 위탁하여 전자우편으로 전송할 수 있는 자는 후보

6) 중앙선거관리위원회, 2012. 3. 8 자료

자 · 예비후보자에 한하며, 전송대행업체에 위탁하여 전자우편을 전송하고자 하는 때에는 제목 시작 부분에 "선거운동정보"라고 표시하고, 수신거부의 의사표시를 쉽게 할 수 있는 조치 및 방법에 관한 사항을 명시해야 함.

3) 문자메시지를 이용한 선거운동(법 제59조)

- 누구든지 선거일이 아닌 때에 문자메시지(문자 외의 음성 · 화상 · 동영상 등은 제외함. 이하 같음)를 이용한 선거운동 가능.
- 컴퓨터 및 컴퓨터 이용기술을 활용한 자동동보통신의 방법으로 문자메시지를 발송할 수 있는 자는 후보자 · 예비후보자에 한하며, 그 발송 횟수는 5회(후보자의 경우 예비후보자로서 전송한 횟수 포함) 이내임.

※ 자동동보통신 방법으로 전송시 : 전송일 전일까지 관할 선거구위원회에 신고.

- 후보자 · 예비후보자가 자동동보통신의 방법으로 선거운동정보를 전송하고자 하는 때에는 제목 시작 부분에 "선거운동정보"라고 표시하고, 전화번호 및 수신거부의 의사표시를 쉽게 할 수 있는 조치 및 방법에 관한 사항을 명시해야 함.
- 각급 선거관리위원회는 전자우편 전송자의 인적사항과 문자메시지 전송자의 인적사항 · 전송통수에 대해서는 법관의 승인 없이 정보통신서비스제공자에게 자료제출 요구 가능(법 제272조3).

4) 인터넷 홈페이지 등 이용 선거운동 비용 보전 제한(규칙 제51조의2)

인터넷 홈페이지 또는 그 게시판 · 대화방 등에 글이나 동영상 등을 게시하거나, 선거운동기간이 아닌 때에 문자메시지 · 전자우편 전송에 의한 선거운동에 소요되는 비용은 보전하지 아니함.

2. 인터넷 이용 비방·흑색선전행위 제재 강화

1) 위법 게시물 등에 대한 후보자 삭제요청권 부여(법 제82조의4 제3항)

- 후보자(후보자가 되고자 하는 자 포함. 이하 이 조에서 같음)는 위법한 게시물이 인터넷 홈페이지 또는 그 게시판·대화방 등에 게시되거나, 정보통신망을 통하여 전송되는 사실을 발견한 때에는 인터넷 홈페이지를 관리·운영하는 자 또는 정보통신서비스제공자에게 삭제요청 또는 취급의 거부·정지제한 요청 가능.
- 인터넷 홈페이지 관리·운영자 또는 정보통신서비스제공자가 후보자의 요청에 따르지 아니한 때에는 해당 후보자는 관할 선거구선거관리위원회에서 서면으로 그 사실 통보 가능.
- 후보자로부터 삭제요청 등의 통보를 받은 선거관리위원회는 그 내용이 공직선거법에 위반된다고 인정되는 때에는 해당 인터넷 홈페이지 관리·운영자 등에게 삭제요청 등 가능.

2) 삭제요청 등 제재조치의 실효성 확보(법 제256조 ②, 제261조 ⑥)

- 선거관리위원회로부터 위법 게시물에 대한 삭제요청 등을 받고 지체 없이 이행하지 아니한 인터넷 홈페이지를 관리·운영하는 자 또는 정보통신서비스제공자에게는 과태료 부과(300만 원 이하).
- 관할 선거관리위원회로부터 2회 이상 삭제요청 등의 요청을 받고 이행하지 아니한 경우 형사처벌 대상(2년 이하 징역 400만 원 이하 벌금).

3) 정보통신망 이용 선거운동 대가 제공행위 처벌 강화(법 제230조 제1항, 제261조 제6항)

- 선거에 영향을 미치게 하기 위하여 문자 · 음성 · 화상 · 동영상 등을 인터넷 홈페이지의 게시판 · 대화방 등에 게시하거나 전자우편 · 문자메시지로 전송하게 하고 그 대가를 제공하거나 또는 의사표시 또는 약속하는 경우 매수죄로 처벌(5년 이하 징역 1,000만 원 이하 벌금).
- 정보통신망을 이용하여 선거운동을 하고 그 대가(100만 원 이하)를 제공받은 자는 과태료 부과(제공받은 금액의 10배 이상 50배 이하 과태료, 최고 3,000만 원).

※ 100만 원을 초과하여 그 대가를 제공받은 자는 매수죄로 처벌

Ⅱ. 선거관련 여론조사의 객관성 · 신뢰성 강화

1. 왜곡된 여론조사 결과 공표 · 보도 금지(법 제96조)

- 누구든지 선거에 관한 여론조사결과를 왜곡하여 공표 또는 보도할 수 없음.
- 방송 · 신문 · 통신 · 잡지, 그 밖의 간행물을 경영 · 관리하는 자 또는 편집 · 취재 · 집필 · 보도하는 자는 여론조사 결과 등과 같은 객관적 자료를 제시하지 아니하고 선거결과를 예측하는 보도를 할 수 없음.

2. 여론조사 결과의 신뢰성 · 객관성 확보

1) 여론조사 시 조사자의 신분 등 고지의무 강화(법 제108조 제4항)

누구든지 선거에 관하여 여론조사를 하는 경우 공표 · 보도 목적 여부를 불문하고 피조사자에게 여론조사 기관 · 단체의 명칭, 주소 또는

전화번호와 조사자의 신분을 밝혀야 하고, 해당 조사대상의 전계층을 대표할 수 있도록 피조사자를 선정하여야 함.

2) 여론조사 결과 공표·보도 시 의무사항 강화(법 제108조 제5항)

누구든지 선거에 관한 여론조사의 결과를 공표 또는 보도하는 때에는 조사의뢰자와 조사기관·단체명, 피조사자의 선정방법, 표본의 크기(연령대별·성별 표본의 크기 포함), 조사지역·일시·방법, 표본오차율, 응답률, 질문내용, 조사된 연령대별·성별 표본 크기의 오차를 보정한 방법 등을 함께 공표 또는 보도하여야 함.

※ 표본의 크기(연령대별·성별 표본의 크기 포함), 질문내용, 조사된 연령대별·성별 표본 크기의 오차를 보정한 방법이 추가되었음.

3) 여론조사 관련자료 인터넷 공개 의무화(법 제108조 제6항)

선거에 관한 여론조사를 실시한 기관·단체는 여론조사 결과를 공표 또는 보도하는 경우 여론조사의 신뢰성과 객관성의 입증에 필요한 자료(여론조사의 조사설계서·피조사자 선정·표본추출·질문지 작성·결과분석 등)를 자신의 인터넷 홈페이지에 공개하여야 함.

4) 여론조사 결과에 대한 후보자의 이의제기(법 제108조 제7항)

정당 또는 후보자(후보자가 되고자 하는 자 포함. 이하 이 조에서 같음)는 공표 또는 보도된 여론조사의 객관성·신뢰성에 대한 이의가 있는 때에는 그 이유를 소명하는 증빙자료를 첨부하여 관할 선거구선거관리위원회에 이의제기할 수 있음.

5) 여론조사 관련자료 제출요구권 신설(법 제108조 제7항)

선거구선거관리위원회는 ① 공표 또는 보도된 여론조사 결과의 객관성·신뢰성에 대하여 정당 또는 후보자로부터 서면으로 이의제기가 있거나, ② 공직선거법을 위반하였다고 인정할 만한 상당한 이유가 있는 때에는 여론조사를 실시한 기관·단체에 서면으로 자료제출을 요구할 수 있음.

※ 선관위의 자료제출요구에 불응하는 때에는 관련규정에 따라 처벌됨(2년 이하의 징역 400만 원 이하 벌금).

3. 선거결과 예측 출구조사 거리제한 완화(법 제167조 제2항)

일간신문사는 선거의 결과를 예상하기 위하여 선거일에 투표소로부터 50미터 밖에서 투표의 비밀이 침해되지 않는 방법으로 선거인을 대상으로 질문할 수 있음.

※ 출구조사 거리제한을 종전 100미터에서 50미터로 완화

Ⅲ. 재외선거의 공정성 확보장치 강화

1. 국외선거범에 대한 여권발급 제한(법 제218조30)

국외선거범으로서 중앙선거관리위원회의 조사에 불응하거나 소재가 불명하여 조사를 종결할 수 없는 사람 또는 기소중지된 사람에 대해서는 선거일 후 5년의 범위 내에서 여권발급 등이 제한됨.

※ '국외선거범'이란 국외에서 공직선거법에 따른 장기 3년 이상의 형에 해당하는 죄를 범한 혐의를 인정할 만한 상당한 이유가 있는 선거범죄를 말함.

2. 선거범죄를 범한 외국인의 입국금지(법 제218조31)

국외에서 공직선거법에서 금지하는 행위를 하였다고 인정할 만한 상당한 이유가 있는 외국인에 대하여 해당 선거 당선인의 임기만료일까지 입국이 제한됨.

3. 국외선거범에 대한 영사 조사권 신설(법 제218조32)

영사는 법원 또는 검사의 의뢰를 받아 대한민국 재외공관 등에서 위반행위와 관련된 피의자 또는 피의자가 아닌 자의 출석을 요구하여 진술을 청취할 수 있고, 그 진술내용을 기재한 조서를 작성하거나 진술서를 제출받을 수 있으며 그 과정을 영상 녹화할 수 있음.

※ 피의자가 아닌 경우에는 동의를 받아야 영상 녹화 가능

4. 국외선거범에 대한 인터넷 화상조사(법 제218조33)

검사나 사법경찰관은 영사가 참가한 가운데 공직선거법의 위반행위와 관련된 피의자 또는 피의자가 아닌 자를 상대로 인터넷 화상장치를 이용하여 진술을 청취할 수 있음.

Ⅳ. 투표참여 권유 및 의정활동보고 범위 확대

1. 투표참여 권유행위(법 제59조)

누구든지 특정 정당 또는 후보자(후보자가 되려는 사람 포함)를 지지·추천하거나 반대하는 내용 없이 투표참여를 권유하는 행위는 상시 가능함.

※ 호별 방문 또는 선거일에 확성장치·녹음기·녹화기를 사용하거나 투표소로부터 100미터 안에서 투표참여를 권유하는 행위는 불가

2. 정보통신망 이용 의정활동 보고(법 제111조)

국회의원·지방의원은 언제든지 인터넷 홈페이지 또는 그 게시판·대화방 등에 게시하거나, 전자우편 또는 문자메시지를 전송하는 방법으로 자신의 의정활동 내용을 보고할 수 있음.

V. 선상부재자투표제도 도입 (제18대 대통령선거부터 적용)

- 원양어업·외항 여객운송사업·외항 화물운송사업에 사용되는 대한민국 선박 및 선박관리업자가 관리하는 외국국적 선박에 승선한 선원은 선박에 설치된 팩시밀리를 이용하여 부재자신고 및 투표를 할 수 있도록 함(제38조 제2항, 제158조의2).
- 선장 등에 의한 불법행위 차단을 위해 선장의 선거자유방해죄 등을 신설하고, 공소시효를 국내에 들어온 날부터 6개월로 함(제239조의2, 제268조 제2항).
- 다만, 선상부재자투표 도입에 필요한 기간 등을 고려하여 제18대 대통령선거부터 적용되도록 함(부칙 제2조).

VI. 법 개정에 따른 경과규정

1. 공무원 등의 입후보에 관한 경과조치(부칙 제6조)

제53조 제1항 본문에도 불구하고 입후보제한직에 해당하는 사람으로서 선거구역이 변경된 국회의원지역구(세종특별자치시, 파주시갑 · 을, 이천시, 여주군 · 양평군 · 가평군, 원주시갑 · 을, 공주시, 순천시 · 곡성군, 광양시 · 구례군, 담양군 · 함평군 · 영광군 · 장성군, 사천시 · 남해군 · 하동군)에 후보자가 되고자 하는 사람은 이 법 시행일부터 10일 이내에 그 직을 그만두어야 함.

2. 예비후보자 등록에 관한 경과조치(제8조)

선거구역이 변경된 국회의원지역구의 예비후보자는 이 법 시행일 후 10일까지 입후보하고자 하는 해당 선거구를 선택하여 관할 선거구선거관리위원회에 신고하여야 함. 이 경우 그 날까지 신고가 없는 때에는 해당 예비후보자의 등록은 무효로 된 것으로 봄.

3. 예비후보자홍보물 발송에 관한 경과조치(제9조)

선거구역이 변경된 국회의원지역구의 경우 예비후보자는 변경된 선거구 안에 있는 세대수의 100분의 10 범위에서 예비후보자홍보물을 발송할 수 있으며, 새로 선택한 선거구에는 이 법 시행 전에 그 선거구에 발송한 수량을 뺀 수량만을 발송할 수 있음.

4. 자동동보통신의 방법에 따른 문자메시지 전송에 관한 경과조치(제12조)

예비후보자가 이 법 시행 전에 제60조의3 제1항 제7호에 따른 자동동보통신의 방법으로 문자메시지를 전송한 경우에는 제59조 제2호의 개정규정의 전송횟수에 포함된 것으로 봄.

부록 2 법정 선거홍보물 제작

1. 명함

1) **규격** : 길이 9cm, 너비 5cm 이내로 제작, 모양은 제한 없음

2) **기재내용** : 성명, 사진, 전화번호, 학력, 경력, 그 외 홍보물에 필요한 사항 기재

- 학력 : 정규학력만을 말하는 것으로 통상적인 정규학교 졸업 및 학사, 석사, 박사는 인정되지만, 그 외 대부분의 학력은 정규학력으로 인정되지 않는다(학력을 게재하는 경우에는 선전벽보와 선거공보와 같이 정규학력과 이에 준하는 외국의 교육과정을 이수한 학력만 게재할 수 있음. 정규학력을 게재하는 경우에는 졸업 또는 수료 당시의 학교명을 게재하여야 하고 정규학력에 준하는 외국의 교육과정을 이수한 학력을 게재하는 때에는 그 교육과정명과 수학기간 및 학위를 취득한 때에는 취득학위명을 함께 기재하여야 함).

3) **재질** : P.V.C와 스웨드(안경 등을 닦을 수 있는 재질)를 사용할 경우, 공

직선거법 제133조(후보자의 기부 제한)에 의거 위반되는 사항임을 유념

4) **명함배포가능자** : 예비후보자 등록한 후보자 1인과 후보자와 함께 다니는 자 중에서 지정한 1인, 그리고 후보자의 배우자(배우자 대신 예비후보자가 그 외 직계 존비속 중에서 신고한 1인을 포함한다.)는 예비후보자의 선거운동을 위하여 명함을 직접 줄 수도 있고, 예비후보자에 대한 지지를 호소할 수 있다.

5) **선거법 위반행위 장소** : 지하철역 구내, 열차, 전동차, 선박, 여객자동차 안과 터미널 구내, 극장, 종교시설, 병원, 찜질방 안 등 다수인이 왕래하거나 집합하는 공개된 장소에서 명함을 배포하면서 지지를 호소할 경우 선거법 위반이 된다.

2. 예비후보자 홍보물

1) **규격** : 길이 27cm, 너비 19cm 이내

2) **면수** : 대통령후보 16면 이내
국회의원, 광역단체, 광역의원, 기초단체, 기초의원, 교육감, 교육위원 후보 8면 이내

3) 기재내용
(1) 앞면 : 명칭("예비후보자홍보물"이라 적는다.), 선거명, 선거구명,

예비후보자의 성명, 소속정당명(정당의 당원이 아닌 사람은 "무소속"이라고 적는다.)

(2) 맨 뒷면 : 작성근거("이 예비홍보물은 「공직선거법」 제60조의3 제1항 제4호에 따라 제작한 것입니다."라고 적는다.), 인쇄사의 명칭, 주소, 전화번호 명기

(3) 내용 : 대통령 선거 및 지방자치단체장 선거의 예
비후보자는 표지를 포함한 전체면수의 100분의 50 이상의 면수에 선거공약 및 이에 대한 추진계획으로 각 사업의 목표, 우선순위, 이행절차, 이행기한, 재원조달 방안을 게재하여야 하며 이를 게재한 면에는 다른 정당이나 후보자가 되려는 자에 관한 사항을 게재할 수 없다.

4) 봉투 제작

(1) 앞면 : 우체국명(00우체국) 요금별납(우체국명 하단에 "요금별납"이라고 적는다.)
작성근거("이 예비홍보물은 「공직선거법」 제60조의3 제1항 제4호에 따라 제작한 것입니다."라고 적는다.)

(2) 뒷면 : 예비후보자 자신이 홍보에 필요한 사항을 적을 수 있다.

5) 발송수량

선거구 안에 있는 세대수의 100분의 10에 해당하는 수 이내에서 발송할 수 있다.

6) 발송대상

발송대상은 자유롭게 할 수 있으며, 발송 통수 이내의 범위 안에서 선거권자인 세대주의 성명 주소의 교부를 구·시·군의 장에게 신청할 수 있다. 다만, 세대주 명단의 교부신청은 후보자등록기간 개시일 5일까지 서면으로 신청해야 한다.

7) 발송방법

발송 2일 전 예비후보자 홍보물 2부를 관할선거구위원회에 신고해야 한다. 또한 발송 후 2일 이내에 당해 우체국의 장이 발행한 우편요금영수증 사본을 관할선거구위원회에 제출하여야 한다.

8) 기타

예비후보자 홍보물이 주소 및 성명의 오기 및 착오나 그 밖의 사유로 인하여 반송된 경우에는 이를 해당 세대주에게 다시 발송할 수 있다.

3. 예비후보자 공약집 신설(2008. 2. 29)

1) 규격 및 수량

(1) 크기 : 제한 없음

(2) 면수 : 제한 없음

(3) 수량 : 제한 없음

(4) 종류 : 도서(책자형) 형태의 발간물

(5) 기타 : 1종만 허용

2) 기재내용

(1) 앞면 : 명칭("예비후보자 공약집"이라고 적는다), 선거명, 예비후보자의 성명, 소속정당명(정당의 당원이 아닌 사람은 "무소속"이라고 적는다.)

(2) 맨 뒷면 : 작성근거("이 예비후보자 공약집은 「공직선거법」 제60조의4 제1항에 따라 제작한 것입니다."라고 적는다.), 판매가격, 출판사(출판사를 이용하지 않고 발행한 경우에는 그 인쇄사를 말한다.)의 명칭, 주소, 전화번호 명기

(3) 내용 : 선거공약 및 이에 대한 추진계획으로 각 사업의 목표, 우선순위, 이행절차, 이행기간, 재원조달 방안을 게재할 수 있다. 하지만 예비후보자가 선거공약 및 그 추진계획에 관한 사항 외에 자신의 사진, 성명, 학력(정규학력과 이에 준하는 외국의 교육과정을 이수한 학력을 말한다.), 경력, 그 밖에 홍보에 필요한 사항을 예비후보자공약집에 게재하는 경우 그 게재 면수는 표지를 포함한 전체면수의 100분의 10을 넘을 수 없으며, 다른 정당이나 후보자가 되려는 자에 관한 사항은 예비후보자공약집에 게재할 수 없다.

3) 배부방법

통상적인 방법으로 판매하여야 한다. 방문판매의 방법으로 판매할 수 없다.

4) 선관위 제출

예비후보자공약집을 발간하여 판매하려는 때에는 발간 즉시 관할선거구관리위원회에 2권을 제출하여야 한다.

5) 예비후보자공약집 작성 대상

2008년 2월 29일 선거법 개정으로 인해 예비후보자공약집에 관한 규정이 신설되었다. 대통령 선거 및 지방자치단체장 선거의 예비후보자는 예비후보자공약집을 발간 및 배부할 수 있다.

4. 선거벽보

1) 규격 및 수량

(1) 크기 : 길이 76cm, 너비 52cm

(2) 재질 : 100g/m^2 이내의 종이

(3) 수량 : 선관위원회가 공고한 수량(2014년 지방선거의 경우 2014년 5월 10일까지 선거관리위원회에서 공고)

(4) 면수 : 1면 1종

2) 기재내용

후보자의 사진(후보자만의 사진을 말한다), 성별, 기호, 소속정당명(무소속 후보자는 "무소속"이라고 표시한다.), 학력(정규학력)과 경력, 정견 및 소속정당의 정강정책, 기타 홍보에 필요한 사항

3) 제출방법

후보자 등록마감일 후 3일까지

4) 제출기관

지역구선거관리위원회

5. 선거공보

1) 규격 및 수량

(1) 크기 : 길이 27cm, 너비 19cm

(2) 재질 : 제한 없음

(3) 수량 : 세대수와 예상부재자수를 합한 수

(4) 면수 : 국회의원 및 지방자치단체장 선거는 12면 이내, 지방의회의원 선거는 8면 이내

2) 기재할 내용

선거공보에는 아래와 같은 사항을 적되, 점자형 선거공보와 점자형 후보자 정보공개 자료에는 해당 사항을 점자로 함께 적어야 한다(2008. 2. 29 개정).

(1) 앞면 : 명칭("책자형 선거공보"라 적는다.), 선거명, 선거구명

※ 점자형 선거공보의 앞면에는 선거명, 선거구명, 후보자 성명을 기재한다.

(2) 둘째면 : 후보자 정보공개 자료와 그 소명내용만을 적을 수 있다. 후보자 공개 자료의 내용은 재산상황, 병역사항, 최근 5년간 소득세, 재산세, 종합부동산세 납부 및 체납실적, 전과기록, 직업, 학력, 경력 등 인적사항, 소명내용을 말한다.

※ 후보자 정보공개 자료에는 선거벽보, 선거공보, 선거공약서 및 후보자가 운영하는 인터넷 홈페이지에 적었거나 적고자 하는 학력을 2개 이내로 적으며, 후보자 정보공개 자료에 관한 소명내용의 글자수는 구두점과 그 밖의 문장부호를 포함하여 100자를 넘을 수 없다(2008. 2. 29 개정).

3) 제출방법 및 제출기관

후보자 등록마감일 후 6일까지 배부할 지역을 관할하는 구·시·군 선관위에 제출하고 당해선거관리위원회가 이를 확인한다.

4) 점자형 선거공보

시각장애선거인을 위해 점자형 선거공보를 제출해야 하는데 규격은 선거공보와 동일하며 내용은 선거공보에 게재된 내용을 줄이거나 그 내용과 동일하게 작성되어야 한다. 제출수량은 선관위에서 공고하며 점자형 선거공보를 제작하여 선거공보와 함께 제출하면 된다.

6. 선거공약서

1) 규격 및 수량

(1) 크기 : 길이 27cm, 너비 19cm

(2) 재질 : 제한 없음

(3) 수량 : 선거구 안에 있는 세대수의 100분의 10에 해당하는 수 이내로 제작

(4) 면수 : 대통령 선거는 32면, 시·도지사 선거는 6면 이내, 자치구·시·군의 장 선거에 있어서는 12면 이내

2) 기재내용

(1) 앞면 : 명칭("선거공약서"라 적는다.), 선거명, 후보자성명, 소속정당명(무소속후보자는 "무소속"이라고 적는다.)

(2) 맨 뒷면 : 작성근거("이 선거공약은 「공직선거법」제 60조의4 제1항

에 따라 제작한 것입니다."라고 적는다.) 인쇄소의 명칭, 주소, 전화 번호

3) 제출기관

선거공약서를 배부하고자 하는 때에는 배부일 전일까지 2부를 첨부하여 작성수량, 작성비용 및 배부방법을 관할선거구선거관리위원회에 서면으로 신고한다.

4) 배부방법

후보자와 그 가족, 선거사무장, 선거연락소장, 선거사무원, 회계책임자 및 연설원만이 배부가 가능하다.

7. 현수막

1) 게시 주체 등(법 제67조 제1항. 규칙 제32조 제1항)

- 후보자(대통령 선거의 정당추천후보자는 그 추천 정당을 말함)는 당해선거구 안의 읍·면·동마다 1매의 현수막을 게시할 수 있음.

※ 비례대표 국회의원 후보자 및 비례대표 지방의회의원 후보자는 할 수 없음.

- 규격 : 후보자가 선거사무소에 게시하는 현수막은 규격에 제한이 없으나, 거리에 게시하는 현수막은 규격이 10제곱미터 이내의 천으로 제작하여야 함
- 게재내용 : 후보자의 선거운동을 위하여 필요한 사항(현수막에 게재하는 내용은 비방·허위사실 등 선거법 위반행위가 아닌 한 제한이 없으나, 다른 정당이나 다른 후보자의 선거운동 내용을 게재할 수 없으

며, 천 2매를 겹으로 완전하게 누벼 앞면과 동일하게 후보자의 기호, 성명, 소속정당명을 게재한 경우에는 1매로 계산함.)

2) 표지 첨부 및 게시방법(규칙 제32조 제2항 내지 제4항)

- 게시장소 : 일정한 장소 · 시설에 고정하여 내걸어야 함.
- 표지신청 : 첨부

※ 현수막을 내걸기 전에 관할 구 · 시 · 군 선거관리위원회에 표지를 신청하여야 함.

3) 현수막 표지교부 신청

- 현수막을 내걸 때에는 관할 구 · 시 · 군 선거관리위원회가 내어준 표지를 첨부하여야 함.
- 오 · 훼손된 현수막의 교체 시는 종전의 표지를 새로운 현수막에 첨부할 수 있음.
- 표지를 분실한 때에는 관할 구 · 시 · 군 선거관리위원회에 표지를 재신청할 수 있음.

※ 다음의 어느 하나의 방법으로는 내걸 수 없음.

- 애드벌룬, 네온사인, 형광, 그 밖에 전관으로 표시하는 방법
- 다른 후보자의 현수막이나, 「도로교통법」 제2조에 따른 신호기 또는 안전표지를 가리는 방법
- 「도로교통법」 제2조에 따른 도로를 가로지르는 방법
- 선거일에 투표소가 설치된 담장이나 입구 또는 그 안에 내걸리게 하는 방법

작금, 알량한 돈으로 후보가 될 수 있을지언정 승리를 살 수는 없게 되었다. 기존의 돈 선거의 위력보다는 과학적, 전략적 선거로 중심추가 이동하는 양상이다. 그러므로 선거의 기본전략을 수립하는 단계에서부터 주도면밀하고 계획적이어야 한다.

그간에 바뀐 세태를 따라 한국 정치도 이제 민주주의 60년의 갑을 넘어 선진국을 향해 가고 있음에 맞추어 새로운 선거문화와 선거패러다임을 요구하고 있음을 간과해서는 안 된다.

새로운 선거의 방향은 그 시대를 따라 다르게 나타날 수 있지만, 불변하는 것은 유권자의 표심을 움직이는 그 무엇이다.

선거에 나서는 후보자는 도마 위의 생선과 같아서 칼을 든 조리사 앞에 눕는 것이나 다름 아니다. 좋은 것보다는 모자란 것, 허물인 것이 튀어 나올 수밖에 없고, 그런 일들에 휘둘려서 선거기간을 그냥 지나쳐 버릴 수도 있다. 그러므로 좋은 후보자는 좋은 캠페인을 통해 좋은 유권자들을 만나고 환심을 얻을 수 있는 것이다.

선거 자체가 확률게임이듯 승패가 분명한 것이어서 이길 수도 있고 질 수도 있다. 선거에서 이기느냐 지느냐의 차이는 천양지차이다. 단 한 표의 마법이라도 당락이 갈라진 것이면 승자와 패자는 천당과 지옥의 차이만큼이나 다르다. 지는 선거도 사유가 있고, 이긴 선거도 연유가 있다.

모두가 다 이길 수는 없는 게임이 선거다.

그러나 모두가 다 질 수도 없는 게임이 곧 선거다.

구상을 넘어 선거 준비에서부터 입후보 실행과 캠페인에 이르기까지 전문가의 도움은 필수이다.

이 책자를 통해 전문가적인 소양을 터득하여 쌓고 갈고 다듬어서, 세간의 수많은 인재들이 좋은 선거과정을 통해 영광스런 승리의 별을 따서, 국민들 앞에 봉사의 청지기로 등청하기를 고대한다.

저자

구자해, 문태성

저자소개

구자해 / 선거컨설턴트

- 1946년 대구광역시 출생
- 1965년 영월 공업고등학교 졸업
- 1971년 강원도 영월군청
- 1974년 농수산통계사무소
- 1985년 12대 국회 입법보좌관
- 1991년 한·백 정책연구소 상임연구위원
- 1992년 민주산악회 강원도협의회 총무국장
- 1995년 강원도지사 선거 후보 특별보좌역
- 1998년 국회의원 보궐선거 후보 특별보좌역
- 2002년 지방선거 자치단체장 후보 특별보좌역
- 2008년 서울특별시 민선교육감 후보 기획전략 본부장
- 2010년 각종 선거 기획 및 컨설팅, 특강

선거컨설팅 경력(10전 10승)

- 국회의원 선거(총선 4회, 보선 2회) 6회
- 광역단체장 선거(강원도지사) 1회
- 교육감 선거(서울특별시 초대민선 보선) 1회
- 자치단체장 2회

gu8965@naver.com

010-2975-8965

저자소개

문태성 / 정치학박사

- 1958년 강원 영월 출생
- ROTC 19기(예비역 육군대위)
- 고려대 정치외교과, 고려대 정책대학원, 건국대 대학원 정치학과
- 14·15·16대 국회 입법보좌관
- 전 강원도지사 정무특보
- 건국대 정치학과 출강
- 한국평화미래연구소 소장
- 각종 선거 자원봉사, 사회자, 연설원 및 특강

tsmoon1@hanmail.net
010-5034-2344

승리의 깃발을 세워라!

선거전략의 진수

2013년 10월 15일 초판 1쇄 인쇄
2013년 10월 20일 초판 1쇄 발행

지은이 | 구자해 · 문태성
펴낸이 | 진욱상
펴낸곳 | 백산출판사
등록 | 1974. 1. 9. 제1-72호
주소 | 서울시 성북구 정릉 3동 653-40
전화 | 02)914-1621, 02)917-6240
팩스 | 02)912-4438

http://www.ibaeksan.kr
editbsp@naver.com

ISBN 978-89-6183-802-3

값 18,000원